ANTON ROTZETTER

Alles auf den Kopf stellen – neue Wurzeln schlagen

Mit Franz von Assisi Schöpfung gestalten

Franziskanische Akzente
Für ein gottverbundenes und engagiertes Leben
Herausgegeben von Mirjam Schambeck sf und
Helmut Schlegel ofm
Band 10

Die Suche der Menschen nach Sinn und Glück ernst nehmen und Impulse geben für ein geistliches, schöpfungsfreundliches und sozial engagiertes Leben – das ist das Anliegen der Reihe „*Franziskanische Akzente*".

In ihr zeigen Autorinnen und Autoren, wie Leben heute gelingen kann. Auf der Basis des Evangeliums und mit Blick auf die Fragen der Gegenwart legen sie Wert auf die typisch franziskanischen Akzente:

Achtung der Menschenwürde,

Bewahrung der Schöpfung,

Reform der Kirche und

gerechte Strukturen in der Gesellschaft.

In lebensnaher und zeitgerechter Sprache geben sie auf Fragen von heute ehrliche Antworten und sprechen darin Gläubige wie Andersdenkende, Skeptiker wie Fragende an.

Anton Rotzetter

Alles auf den Kopf stellen – neue Wurzeln schlagen

Mit Franz von Assisi Schöpfung gestalten

echter

Herzlicher Dank geht an Simone Müller für die Zuarbeit
bei den Korrekturen sowie an die Franziskanerinnen von Reute
für die finanzielle Unterstützung.

Bibliografische Information der Deutschen Nationalbibliothek
Die Deutsche Nationalbibliothek verzeichnet diese Publikation
in der Deutschen Nationalbibliografie; detaillierte bibliografische
Daten sind im Internet über ‹http://dnb.d-nb.de› abrufbar.

1. Auflage 2016
© 2016 Echter Verlag GmbH, Würzburg
www.echter.de

Umschlag: wunderlichundweigand.de
(Foto: © Pakhnyushchy/shutterstock.com)
Satz: Hain-Team (www.hain-team.de)
Druck und Bindung: CPI books – Clausen & Bosse, Leck
ISBN
978-3-429-03932-5 (Print)
978-3-429-04843-3 (PDF)
978-3-429-06262-0 (ePub)

Inhalt

Vorwort

Meinen
franziskanischen Schwestern und Brüdern
und den Verantwortlichen
in den Kirchen und christlichen Gemeinschaften
mit der dringenden Bitte
um Gehör

Dass ökologische Perspektiven und Postulate nicht einfach zum Glauben hinzukommen, sondern ganz wesentlich zum Glauben selbst gehören, wird sich hoffentlich aus diesem Buch heraushören lassen. Eine erste Redaktion habe ich bereits lange vor der Enzyklika „Laudato si‘"[1] des Papstes Franziskus fertiggestellt. Diese bestätigt in vielfacher Hinsicht, was ich auf diesen Seiten darlege. Selbstverständlich musste ich an eine zweite Redaktion gehen und da und dort Bezüge zu diesem großartigen Schreiben herstellen. Ich kennzeichne solche Hinweise und Zitate mit dem Zeichen *, gefolgt von der Nummer des betreffenden Paragraphen.

Die Widmung, die ich dem Buch vorausschicke, mag etwas ungewöhnlich sein. Sie geht aber von der Erfahrung aus, dass wir uns in den franziskanischen und kirchlichen Gemeinschaften schwertun mit einer naturnahen und schöpfungstheologisch, ja franziskanisch begründeten Spiritualität. Zwar nehmen wir diesbezügliche Äußerungen gerne entgegen, wenn sie von Papst Franziskus stammen. Aber begreifen wir sie, und vor allem: Setzen wir sie konkret um?

Der Papst beklagt zum Beispiel, dass die Erde immer mehr zur „Mülldeponie" (★21) werde. Aber immer noch gibt es kirchliche Bildungshäuser, die Unmengen Abfall produzieren: viermal täglich papierene Tischsets, in Plastik portionierte Butter, Konfitüre, Honig, Käse … Immer noch werden bei großen Anlässen Wegwerfbesteck, Plastikteller und -becher ausgegeben. Die Klöster und kirchlichen Einrichtungen, die in Italien den Espresso in abwaschbaren Tassen servieren, sind selten. Und immer noch schenken Hilfswerke, die um Spenden nachsuchen, unbrauchbare Dinge, die den direkten Weg in den Papierkorb finden. Und wenn wir Besuche machen oder von Assisi zurückkommen, unterliegen wir dem Zwang, unnütze Mitbringsel einzupacken. Immer noch gibt es franziskanische Institutionen, ja Klöster, die mehrmals täglich Fleisch auftischen, und das jeden Tag, obwohl wir wissen, dass gerade dies einer der größten Faktoren des Klimawandels darstellt. Immer noch fliegen wir von Frankfurt oder Zürich nach Rom. Und immer noch leben wir auf zu großem Fuß – auf Kosten der Armen, der Tiere und der Schöpfung insgesamt. Erst wer handelt, hat begriffen, was Franziskus und jetzt der Papst sagen.

So hoffe ich auf eine fruchtbare Auseinandersetzung mit der päpstlichen Enzyklika und mit Intention und Inhalt dieses Buches.

Freiburg in der Schweiz,
am Fest des hl. Franz von Assisi, 4. Oktober 2015
Anton Rotzetter

1. Der verkehrt gepflanzte Wirsing *oder* Von der Notwendigkeit, anders zu denken

„Wer den eigenen Willen durchsetzen will, den wollte Franziskus nicht zum Orden zulassen. Eines Tages kamen zwei junge Männer zu Franziskus und baten, in den Orden aufgenommen zu werden. Der selige Franziskus aber wollte prüfen, ob sie gehorsam seien und bereit, dem eigenen Willen abzuschwören. Er ging mit ihnen in den Garten und sagte: Kommt, lasst uns Wirsing pflanzen und schaut mir zu, wie ich ihn pflanze, und tut es dann ebenso. Franziskus nun pflanzte den Wirsing auf die folgende Weise. Er setzte ihn mit den Wurzeln gegen den Himmel und mit den Blättern nach unten und bedeckte diese mit Erde. Der eine Mann machte es dann genau so wie Franziskus, der andere aber nicht. Dieser sagte zu Franziskus: So werden Wirsings nicht gepflanzt, lieber Vater, sondern umgekehrt – mit den Wurzeln nach unten! Franziskus entgegnete ihm: Mein Sohn, ich will aber, dass du es so machst wie ich. Das aber wollte der junge Mann nicht, weil er der Überzeugung war, dass das falsch sei. Und so sagte Franziskus zu ihm: Bruder, ich sehe, du bist ein großer Lehrer (Magister), geh deine Wege, denn du bist nicht geeignet für meinen Orden. Den anderen aber nahm er auf, während er diesen ablehnte."[2]

Wie können wir begreifen, was Franz von Assisi eigentlich wollte? Auf welche Weise können wir Zugang bekommen zu der völlig anderen Weltanschauung, die hinter seiner Lebensform steht? Wie kommt es zu einer totalen Umkehr, zu einem Denken, das nicht einfach auf der Linie des Bisherigen liegt, zur Abwendung von den geltenden Wertvorstellungen Assisis, die er als „Auszug aus der Welt" (vgl. Test 3, FQ 59) definiert? Wie also kommt es zu einem völlig neuen Ansatz auch in der Schöpfungsspiritualität?

Vielleicht kann uns die Geschichte vom falsch gepflanzten Wirsing weiterhelfen, welche als Lokaltradition im Kloster Monte Casale erzählt wird. Der Ort, der den Kapuzinern anvertraut ist, liegt nicht sehr weit vom bekannten Heiligtum von La Verna entfernt, wo Franziskus von den Wundmalen Jesu geprägt wurde. Möglich, dass sogar ein Zusammenhang besteht zwischen der Lehrstunde von Monte Casale und dem Kreuz, das sich in den Leib des Franziskus eingezeichnet hat.

Eine bloß äußere Faszination, sagt diese Geschichte, kann nicht genügen, um zur franziskanischen Gemeinschaft zu gehören. Auch sind Name und Person des Franziskus nicht eigentlich ausschlaggebend. Das müssen die beiden jungen Männer erkennen, die eines Tages zu Franziskus kommen und seiner Bruderschaft beitreten wollen. Der eine begreift, der andere nicht.

Die Geschichte ist auch deswegen hilfreich, weil es um die Bestellung des Gartens geht, umfassender gesagt: um ein bestimmtes geistliches Verhalten im Umgang mit der Schöpfung.

• Man hat es immer so gemacht

Seit Jahrhunderten wissen wir, wie man Wirsing pflanzt. Die Wurzeln in die Erde, den Kopf nach oben! Aber obwohl oder gerade weil wir das wissen, ist die Lebensmittelbeschaffung heute in eine nicht mehr zumutbare Enge geraten, sozusagen auf die schiefe Bahn, an deren Ende der vernichtende Abgrund steht. Man hat es immer so gemacht!

Wir wissen sehr viel. Nicht nur, wie man eine Pflanze in die Erde setzt, sondern auch, wie man das Erdreich mit fremden Nährstoffen anreichert und den Setzling mit angeblichen Schutzmitteln besprüht. Die Wirsingköpfe werden zwar größer und größer, aber gleichzeitig saugen sie all diese Giftstoffe auf und lagern sie in die Nahrungskette ein. Aus Lebensmitteln werden Todesmittel. Pflanzen und Tiere werden entzaubert, ihr Geheimnis schwindet. Alles wird zur Sache, mit der man willkürlich machen kann, was man will. Tiere sind nach René Descartes (1596–1650) nichts anderes als Maschinen, und ihr Schmerzensschrei ist bloß das Quietschen eines Rades. In der Folge werden sie der Willkür des Menschen ausgesetzt, total genutzt und millionenfach getötet. Ganze Gemüseernten und große Tierbestände werden vernichtet, wenn der Verdacht besteht, dass eine Epidemie von ihnen ausgehen könnte. Meistens stellt man dann im Nachhinein fest, dass der Verdacht unbegründet war und dass man in den Medien mutwillig Panik erzeugt hat. Dem so vernichteten Leben wird keine Träne nachgeweint. Das Trinkwasser wird vergiftet, das Klima dramatisch verändert, das für Mensch und Tier erträgliche Maß an Wärme wird bis zum Ende des Jahrhunderts bei weitem überschritten sein. Bei einer Zunahme der Erderwärmung um zwei Grad wird Amsterdam im Meer versinken, bei drei bis vier Grad New York und dazu viele Länder. Millionen von Menschen werden anderswo Heimat suchen müssen. Die Erde wird immer unbewohnbarer. Wir Europäer verbrauchen dreimal so viel bebaubare Erde, wie uns gerechterweise eigentlich zustehen würde. Die Schweiz braucht zur Sicherung des Kraftfutterbedarfs noch einmal so viel Ackerfläche in Lateinamerika, wie ihr zuhause zur Verfügung steht, nur damit genügend Fleisch auf den Tellern liegt. Kolonialismus ist das! In Peking muss man Mund- und Nasenbinden tragen, wenn man auf die Straße geht. Auf den Philippinen und anderswo kommt es immer häufiger zu immer stärkeren Taifunen, mit jeweils größerer Zerstörungswucht und immer höheren Leichenbergen. Vor der UNO hat Papst Franziskus den alarmierenden Satz gesprochen: „Die ökologische Krise könnte zusammen mit der Zerstörung eines großen Teils der biologischen Vielfalt die Existenz der Spezies Mensch selbst in Gefahr bringen."[3]

Ja, unser Denken hat es weit gebracht, sehr weit, zu weit! Weil es immer auf der gleichen Linie weiterdenkt! (Vgl. dazu ★ 17–61).

• Paradigmenwechsel

Kehren wir zur Geschichte des verkehrt herum gepflanzten Wirsings zurück. Franziskus ist der Auffassung, dass das Durchsetzen des eigenen Willens und der eigenen Vorstellungen der falsche Weg ist. Die Frage, die sich bei allem stellen muss, lautet: Sind wir bereit zu lernen und uns für Neues zu öffnen? Ja sogar einen Paradigmenwechsel zu vollziehen, wie auch der Papst fordert (vgl. *53, 111 f., 163, 189, 203–208)? Oder ist der eigene, egoistische Wille das Maß aller Dinge? Könnte es vielleicht sein, dass gerade dieser fix und fest stehende Wille die schrecklichen Ergebnisse zeitigt, die wir heute zu beklagen haben? Dass die eigene Vorstellungskraft dermaßen enggeführt ist, dass sie das Leben in seiner Entfaltung hindert und letztlich sogar wider Willen in ein allmähliches Sterben mündet? Zwar ist der blinde Gehorsam, das Ausschalten des Denkens, die kritiklose Übernahme des Verhaltens anderer sicher auch nicht die Lösung. Aber verweist das Wort „Ge-Hor-sam" (= hörende Verwiesenheit, an-ge-hören) nicht in viel tiefere Dimensionen hinein, vielleicht sogar in das alles umfassende Geheimnis des Lebens selbst? Bei solchen Fragen gerät die für jeden Verstand unsinnige, ja letztlich dumme Prüfung des Franziskus in den Sog einer viel größeren und umfassenderen Fragestellung.

Der buddhistische Philosoph Yudo J. Seggelke deutet diese Geschichte als Kôan, als geistliche Lehrgeschichte, die wie ein unsinniges Rätsel daherkommt und als Paradox, als unauflösbarer Widerspruch, empfunden werden muss, aber gerade so zum Nachdenken und zu einem neuen Verhalten provoziert: „Ein fundamentaler Paradigmenwechsel muss die Lösung bringen … Für ein spirituelles Leben ist es notwendig, neue Wurzeln zu entwickeln, die über das materiell Erdgebundene hinausgehen. Oft ist es sogar erforderlich, dass die materiellen Wurzeln, die uns an Dinge wie Besitz und Eigentum fesseln, zuerst vertrocknen müssen, damit sich die Wurzeln der Spiritualität, des Himmels, die neues Leben bringen, überhaupt entwickeln können."[4]

Wie gesagt: Der eine begreift, der andere nicht. Franziskus belegt allerdings den, der nicht begreift, nicht mit negativen Urteilen, im Gegenteil. Er nennt ihn Sohn und Bruder, grenzt sich also in keiner Weise von ihm ab. Auch er gehört letztlich zur Familie Gottes, auch wenn er konkret nicht zum gleichen Weg berufen ist. Er nennt ihn sogar „großer Magister", gibt ihm also einen Titel, der in der damaligen Zeit höchste wissenschaftliche und weisheitliche Kompetenz zum Ausdruck bringt. Auch von ihm kann man auf der Linie des linearen Denkens gute Ergebnisse erwarten: Philosophen und Naturwissenschaftler können, wenn sie für neue Erkenntnisse offen sind, einen Beitrag für ein besseres Verstehen der Schöpfung leisten. Beziehungen sollen also nicht abgebrochen werden, ein Gespräch ist bleibend notwendig.

Der andere Bruder begreift, worum es im Orden des Franziskus geht. Anders und anderes denken muss jemand, der ihm folgt. Es geht um eine höhere und tiefere Dimension, die in Gott wurzelt, um eine Perspektive, welche in allen materiellen Fragen das Leben selbst und den Ursprung des Lebens zur Geltung bringen will. Die großen Probleme der Menschheit und der Schöpfung lassen sich nicht rein ökonomisch, naturwissenschaftlich oder technisch lösen. Man muss eine bloß innerweltliche Betrachtungsweise übersteigen, um auch ökonomisch und biologisch weiterzukommen. Franziskus hat in seinem Leben gezeigt, in welche Tiefen man vordringen kann, wenn man alternativ denkt und lebt. Man muss das Gewohnte aufgeben, um neue lebensstiftende Gewohnheiten zu schaffen.

Der genannte und geforderte Paradigmenwechsel muss auf alles und jedes angewendet werden. An sich ist „Schöpfung" ja ein religiöser Begriff. Er setzt ein göttliches Wesen voraus, welches das, was wir profan „Welt" nennen, aus seinem Innersten heraus freisetzt und dies voraussetzungslos und letztlich aus Gründen, die uns verborgen bleiben. Alles Erschaffene wurzelt in der Tiefe des göttlichen Geheimnisses. Wenn wir wirklich begreifen wollen, was Spiritualität der Schöpfung meint, dann muss man alles auf den Kopf stellen und alles von Gott her und auf ihn hin denken.

So müssen wir uns fragen, ob die Begriffe, mit denen man „Schöpfung" zu begreifen sucht, wirklich genügen. Ein solcher ist „Seele". Ist er wirklich hilfreich? Stellt er wirklich alles auf den Kopf? Dringt er wirklich tief genug in das Geheimnis der Schöpfung ein?

„Seele" versteht sich in der griechischen Tradition als Instanz, welche dem Leib gegenübersteht. Sie existiert vor ihm, also vor der Empfängnis, nach ihm, das heißt nach dem Tod, und belebt ihn während der ganzen Zeit seines Daseins. Sie ist also ewig, der Leib aber vergänglich.

Ein solcher Seelenbegriff ist heute umstritten und obsolet geworden. In Psychologie und Neurowissenschaft arbeitet man kaum mehr mit ihm, weil er untauglich geworden und ohnehin ein Konstrukt einer überholten Philosophie sei. Was wir Seele nennen, sei nicht außerhalb des Materiellen bzw. Leiblichen angesiedelt. Wo er noch gebraucht wird, ist er zudem oft nebulös, nichtssagend und darum bedeutungslos: „Geld ist für uns nicht alles, die Manufaktur hat ihre Seele bewahrt, was heutzutage an ein

Wunder grenzt", sagt der Chef eines Schweizer Uhren-unternehmens. Der Begriff hat, wenn man die hebräische Sprache als Grundlage nimmt, auch keine biblische Tra-dition. Wo wir mit „Seele" übersetzen, spricht diese von „Kehle", von einem leiblichen Organ also. Die Seele stirbt mit dem Leib – außer Gott ruft den leibhaftigen Menschen in seine Lebensfülle.

Damit wird auch der Begriff „Allbeseeltheit" fragwür-dig. Analog zur Menschenseele gäbe es eine Seele, die der Welt gegenübersteht und diese von außen her belebt und bewegt. In dieser Seele walte eine jenseitige Vernunft, die allem einen Sinn gibt. Ein solches Denken geht auf den Philosophen Platon (428–348 v. Chr.) zurück. Aristoteles (384–322 v. Chr.) lehnt diese Konzeption des Kosmos ab, auch fand sie im Judentum und im Christentum, außer in einigen mystischen Traktaten, keine große Anhänger-schaft.

In neuerer Zeit wurde der Begriff von Fr. W. J. Schel-ling (1775–1812) zum Titel eines Buches. Er deutete ihn aber eher als Metapher denn als Wirklichkeit. J. W. Goe-the (1749–1832) sprach sie in seinem Gedicht „Eins und Alles" betend an: „Weltseele, komm, uns zu durchdrin-gen" und in einem anderen sagt er, dass „jedes Stäubchen lebt". In der Romantik (Novalis: 1772–1801, Fr. Schlegel: 1772–1829) wird daraus ein Kernbegriff. Auch in der Theologie des 20. Jahrhunderts wird er aufgegriffen und in seiner Bedeutung für die ökologischen Fragestellungen herausgestellt. Zu den bekanntesten Theologen, die sich im deutschen Sprachraum diesbezüglich einen Namen ge-macht haben, zählt H. R. Schlette (geb. 1931). In den letz-ten Jahrzehnten entstand die „Gaia-Theorie", welche den Kosmos als lebendigen Organismus, als einheitliches Subjekt begreift und die L. Boff (geb. 1938) ins Zentrum seiner ökologischen Spiritualität stellt. Auch hier geht es um eine dem Ganzen innewohnende und zusammenbindende „Realität", aber mehr noch um eine Personifizierung der Erde (griechisch: „Gaia" = die Göttin Erde als Urmutter).

Zu den Theorien, welchen ökologische Bedeutung zukommt, gehören auch „die morphischen Felder", welche der Biologe Rupert Sheldrake (geb. 1942) in die Wirklichkeit der Welt eingeschrieben sieht. Demnach würden Kraftfelder über einzelne Wesen hinausgehende Einheiten begründen und als lebendige Wesen zusammenbinden. Auch Ken Wilbers (geb. 1949) „Holismus" hat weiten Applaus gefunden, eine Auffassung, wonach die Welt nicht genügend erklärt wird, wenn man sie bloß als Zusammensetzung ihrer Teile betrachtet. Die Welt sei vielmehr durch ein geheimnisvolles Ineinander von Ganzheiten (griechisch = „Holon") zu begreifen.

Nun fragt sich natürlich, ob diese – zum Teil esoterischen – Theorien dem entsprechen, was von einer Schöpfungsspiritualität, die letztlich in Gott wurzelt, erwartet werden muss. Dass sie zu einer größeren Achtung der Schöpfung führen, kann nicht übersehen werden. Aber sie können den Dualismus von Materie und Geist nicht überwinden. Sie bleiben bei einer grundsätzlichen Zweiteilung der Schöpfung: hier das Vergängliche, Sterbliche, der Leib und dort das Geistige, Ewige, die Seele. Das Schicksal und das Geheimnis der Materie bleiben letztlich außen vor. Alles stirbt, zerfällt, ver-west, erlischt, versinkt schließlich im Nichts. Man hat immer noch zu wenig begriffen, dass die Wurzeln nach oben zu weisen haben.

● Projektionen?

Aber auch die sture Einstellung, welche gegen jede religiös begriffene Natur auftritt, ist nicht zielführend. So schreibt der bekannte Sektenspezialist Hugo Stamm: „Intensive Naturerlebnisse lösen Glücksgefühle aus. Sonnenuntergänge gehören zu den beliebtesten Fotosujets, wir jauchzen, wenn wir auf Berggipfel klettern ... Wir projizieren unsere Sehnsüchte in die Idee von der reinen Natur. Mit der Natur selbst haben unsere Projektionen aber nichts zu tun. Wir verklären sie in naiver Weise. Der Naturmythos wird zum Religionsersatz. Oder zur Religion selbst, einer Art Pantheismus, der das Göttliche in der Natur verkörpert sieht. Dass diese Form von Naturreligion heute eine solche Faszination erfährt, hat auch mit der Esoterikwelle zu tun, die alles vermeintlich Gottbeseelte verklärt, ohne den religiösen Ideen auf den Grund zu gehen. Natürlich sind schöne Naturerlebnisse beglückende Ereignisse, die man allenfalls als spirituelle Gefühle interpretieren kann. Die Natur zum Religionsersatz hochzustilisieren, entspricht aber einer intellektuellen oder philosophischen Ignoranz. Denn es gibt nichts Grausameres und Härteres als die ‚Natur‘ ... Der Wolf wird zur Tötungsmaschine und reißt in seinem Rausch viel mehr Schafe, als er essen kann ... Die von Esoterikern als Mutter oder Göttin Gaia verehrte Erde erzeugt Naturkatastrophen wie Stürme, Überschwemmungen und Erdbeben. Es gibt die heile Welt nicht, weder in uns noch um uns herum und auch nicht in der unberührten Natur. Wir nehmen bei Landschaftserlebnissen vor allem den optischen Aspekt der Natur wahr. So reduzieren wir sie gern auf ihren kitschigen Aspekt, um unsere religiösen Bedürfnisse zu befriedigen oder Glückshormone zu produzieren. Dagegen ist nichts einzuwenden. Problematisch wird es aber, wenn wir die Natur spirituell verklären, weil wir damit einen Realitätsverlust erleiden und einem Aberglauben erliegen."[5]

Diese kritische Glosse ist ernst zu nehmen. Wir leben nicht im Paradies, in dem alles heil ist und in dem es weder Grausamkeit noch Gewalt noch Leiden und Tod gibt. Die christliche Theologie hat immer schon von einer „gefallenen Natur" gesprochen, von einer Schöpfung, die als Ganzes aus dem ursprünglichen Zustand der Gnade herausgefallen ist. Selbst die wunderschönsten Sonnenuntergänge entstehen durch Spiegelungen in der verschmutzten Luft. Wuchernde Krebszellen lassen sich – fotografiert – wunderschön anschauen. Nein, wir leben nicht in der heilen Natur. Diese bleibt Sehnsucht, Traum, Hoffnung. Hugo Stamm aber irrt, wenn er die Katastrophen allein der Natur zuordnet und den menschlichen Anteil an ihnen ausblendet.

Sosehr Esoterikern oft ein Realitätsverlust vorzuwerfen ist, auch Hugo Stamm erleidet ihn, wenn er nicht erkennt, wie sehr der Mensch die Natur verändert und verfälscht. Ihm ist entgegenzuhalten, dass ein anderes Denken notwendig ist, das über Wissenschaft und Technik hinausgeht. Eine spirituelle Betrachtung der Natur oder, wie man als Glaubender sagt, der Schöpfung ist ein Postulat der Erkenntnis, dass eine bloß wissenschaftliche und technische „Handhabung" der Natur in einer planetarischen Katastrophe mündet. Dabei ist demütig anzuerkennen, dass uns die Schöpfung als eine zerrissene erscheint. Was wir als übel oder böse erleben, kann letztlich auch der Gläubige nicht erklären.

• Gott, der mich und das All erfüllt

Der Titel des Goethegedichtes schließt übrigens an eine Welterklärungsformel an, die in der griechischen Antike formuliert wurde: „Hen kai pan – Eines und alles". Der bekannte Ägyptologe Jan Assman (geb. 1938) hat daraus die Folgerung gezogen, dass der Polytheismus als Kosmotheismus zu verstehen sei. Das heißt: Alles ist göttlich; gleichzeitig ist das All eine in sich bestehende, göttlich durchwirkte Einheit. Die Vielfalt ist letztlich Ausdruck des einen Göttlichen. Sosehr aber diese Alleinheit sich als Allvielheit zu erkennen gibt, so wenig kann darin eine schlüssige Schöpfungsspiritualität erschlossen werden.

Franz von Assisi hat, meine ich, auf kühne Weise diese Welterklärungsformel trinitarisch umgedeutet: „Deus meus et omnia – Gott, der mich und das ganze Weltall erfüllt." „Gott – ich – das All", diese drei „Instanzen" lassen den Dualismus hinter sich und beschreiben die Wirklichkeit als lebendiges dreipoliges Netz (vgl. ★238–240). Da ist der alles übersteigende Gott, der sich in das Einzelne und in das All begibt, ohne sich darin aufzulösen, ein stets hin und her fließendes Geheimnis, ein andauerndes Kommunikationsgeschehen, das jedem und jeder Einzelnen und dem Ganzen innewohnt und dennoch nicht darin aufgeht. In diesem Gebet ist eigentlich alles enthalten, was in diesem Buch entfaltet werden soll. Es will alles auf den Kopf stellen. Es soll zeigen, wie Franziskus die Schöpfung im Geheimnis Gottes verwurzelt sieht.

• Die andere Wirklichkeit

Bereits die ersten Seiten der Bibel stellen alles auf den Kopf. Denn sie sind in der Fremde geschrieben, in der grausamen Wirklichkeit der Entfremdung vom heimischen Boden und in den Erfahrungen von Gewalt, Ausbeutung und Not. Da spricht ein Prophet von den anderen Möglichkeiten des Menschen, er beschreibt die Vision einer Welt, die ganz von Gott durchdrungen ist und darum weder Gewalt noch Tod kennt, sondern nur Freiheit, Würde, Frieden und Gerechtigkeit. Diese Vision stellt die zu wählende Alternative zur real erfahrenen Welt dar. Sie ist gleichzeitig Tiefenerfahrung und ethischer Auftrag. Diese Anfangsgeschichten sind in Tat und Wahrheit Gedichte, poetische Fiktionen, aus denen Hoffnung für die Welt entstehen soll. Sie wollen der Wüste und der Leere rein innerweltlicher Erfahrungen und Deutungen die Schönheit der religiös begriffenen Alternative entgegenhalten. Dem Glaubenden wird so sogar eine unersetzbare Verantwortung im Ganzen der Schöpfung übertragen: Er ist „Ebenbild Gottes". Damit soll aber auch gesagt werden, dass Schöpfung keinen ein für alle Mal gegebenen Zustand des Seins, sondern einen stets aktuellen und andauernden Prozess des Werdens meint. Und der Mensch, Mann und Frau, soll sich als Mitschöpfer/-in verstehen lernen. Eine solche Auffassung steht mit der naturwissenschaftlichen Theorie der Evolution im Einklang. Der Mensch ist freilich nicht nur Ergebnis der Evolution, sondern auch deren Gestalter, mehr noch als jeder andere Organismus.

Ähnlich ist auch der Sonnengesang des Franz von Assisi nicht ein getreues Abbild der Wirklichkeit, sondern der poetische Gegenentwurf dazu: die in und durch Gott versöhnte Welt, für die es zu werben gilt. Da lässt sich eine rein pragmatische und ökologische Sichtweise nicht von der Gottverbundenheit und Christusnachfolge trennen. Beides findet zusammen und beschreibt recht eigentlich eine faszinierende Vision unserer Schöpfung.

Eins und Alles

Im Grenzenlosen sich zu finden,
Wird gern der einzelne verschwinden,
Da löst sich aller Überdruss;
Statt heißem Wünschen, wildem Wollen,
Statt lästgem Fordern, strengem Sollen,
Sich aufzugeben ist Genuss.

Weltseele, komm, uns zu durchdringen!
Dann mit dem Weltgeist selbst zu ringen,
Wird unsrer Kräfte Hochberuf.
Teilnehmend führen gute Geister,
Gelinde leitend höchste Meister
Zu dem, der alles schafft und schuf.

Und umzuschaffen das Geschaffne,
Damit sich's nicht zum Starren waffne,
Wirkt ewiges, lebendiges Tun.
Und was nicht war, nun will es werden
Zu reinen Sonnen, farbigen Erden;
In keinem Falle darf es ruhn.

Es soll sich regen, schaffend handeln,
Erst sich gestalten, dann verwandeln;
Nur scheinbar steht's Momente still.
Das Ewige regt sich fort in allen:
Denn alles muss in Nichts zerfallen,
Wenn es im Sein beharren will.

Johann Wolfgang von Goethe

2. Gehorsam *oder* Von der An- und Aufrufbarkeit der Geschöpfe

„Und alle Geschöpfe, die unter dem Himmel sind, dienen ihrem Schöpfer, erkennen ihn und gehorchen ihm ihrem Wesen nach besser als du" (Erm 5,2, FQ 48).

Man muss wirklich alles auf den Kopf stellen, wenn man Franziskus verstehen will. Gott muss Gott sein – in allem und durch alles. Erst eine solche Auffassung realisiert, was unter „Geschöpflichkeit" zu verstehen ist: die totale Abhängigkeit und die bleibende Verwiesenheit auf Gott und sein Geheimnis, das allem innewohnt und dennoch unfassbar bleibt.

Eine so verstandene Geschöpflichkeit verdichtet sich bei Franz von Assisi im Begriff „Gehorsam", in einem Verhalten, das er nicht nur auf den Menschen anwendet, sondern auch auf den Stein. Gehorsam ist in das Gesamt der Schöpfung und in jedes Geschöpf eingezeichnet.

• Das Geschöpf – ein Subjekt

Franz von Assisi gebraucht den Begriff „Seele" wie der Mainstream der abendländischen Tradition ausschließlich für den Menschen. Die Seele ist bei ihm ein Teil des Menschen. Sehr oft spricht er aber von „Leib und Seele", dem Ganzen des Menschen, von seiner Vergänglichkeit (Leib) und seiner Ewigkeit (Seele). Vielleicht ist es aber notwen-

dig, zu betonen, dass das Christentum trotz der Leibfeind-
lichkeit, die es während der Geschichte begleitet hat, letztlich doch an der „Leib-Seele-Einheit" auch über den Tod
hinaus festhält. Eine vom Leib getrennte Seele verliert ihre
Personalität, weshalb sie auch nach dem Tod eine wie immer geartete Beziehung zum Leib aufrechterhalten muss.
Dies ist die Voraussetzung für eine ganzheitliche Betrachtung des Menschseins.

Nirgendwo jedoch gebraucht Franziskus den Begriff
„Seele", wenn er vom Tier spricht, obwohl er den Tieren
doch von ganzem Herzen zugewandt war. Den biographi-
schen Quellen ist freilich da und dort anzumerken, dass
sie so etwas wie „Seele" auch der „unvernünftigen Kreatur", also den Tieren und Pflanzen, zusprechen (vgl. etwa
die Texte zur Vogelpredigt: 1 C 58, FQ 234f.; 3 C 20,
FQ 434f.; Jul 37, FQ 549f.). Die von der griechischen Philosophie übernommene Auffassung einer abgestuften Beseeltheit der Geschöpfe ist unverkennbar: eine Pflanzen-
seele, eine Tierseele und eine Vernunftseele. Während
diese bzw. der Mensch, der mit Vernunft begabt ist, eine
Art „Ewigkeitsgarantie" in sich trägt, sind die beiden „vor-
gelagerten", im Menschen aber integrierten „Seelen"
(Pflanzen- und Tierseele) rein irdisch, sterblich, ver-
wesend. Das ist, wie ich meine, eine atheistische Sicht: Sie
kommt ohne Gott aus. Die Ewigkeit des Menschen wird
letztlich nicht an einen Schöpfer gebunden, sondern an die
Geistseele, deren Natur es ist, ewig zu sein. Deshalb werden wir wohl auch hier unser Denken noch viel radikaler
auf den Kopf stellen müssen.

Die eben genannte griechische mehrstufige Konzeption
von „Seele" verschafft sich in unseren Tagen jedoch neue
Geltung in der sogenannten „Biosemiotik", in jener Wis-

senschaft, welche das Leben als „Kommunikationsprozess" versteht. Auffallend aber ist, dass sie den Begriff „Seele" durch andere ergänzt: Subjektivität, Gefühl, Empathie, „Anstrengung gegen die Schwere der Materie" – welch ein Ausdruck!

„Einer Schlucht ist es gleichgültig, ob das Wasser von Jahrmillionen sie tiefer ausfrisst oder Wüstensand sie trocknend verweht. Ein Fisch jedoch, dessen Fluss aus-dörrt, wird zuckend und zappelnd um sein Leben kämp-fen. Damit aber gewinnt etwas den Rang einer physikali-schen Macht, was wir bislang nur für uns allein reserviert hatten: Gefühl. Denn Gefühl ist die Form, wie subjektive Bedeutung erlebt wird. Gefühl ist von ‚innen', vom Stand-punkt eines Organismus in der ‚ersten Person', das, was wir außen, in der ‚dritten Person', an ihm als seine Ten-denz zum Weiterleben beobachten … Subjektive Bedeu-tung ist Gefühl. Leben ist Gefühl. Eine Zelle ist Gestalt gewordene Empfindung. Fühlen ist der unmittelbare Ein-druck davon, am Leben zu sein … Anstatt also mit René Descartes und seinem berühmten ‚Cogito ergo sum' die letzte Gewissheit im rationalen Denken zu sehen, zieht vielmehr das Fühlen die nicht mehr überschreitbare Grenze zwischen dem Lebendigen und den Gegenstän-den. Die Welt der „Schöpferischen Ökologie" ist von An-fang an beseelt – bereits in ihrem niedrigsten Bodensatz aus Einzellern und Algen … Seele ist das Prinzip eines empfindenden, strebenden Körpers. Seele zu haben ist so-mit nicht das altmodische Privileg des Menschen. Seele beginnt gleichzeitig mit dem Leben. Sie ist seine innerste Wirklichkeit."[6]

Das Konzept der „Schöpferischen Ökologie" begreift die Seele als fühlendes und handelndes Subjekt. Es gebraucht dafür sogar den Begriff „Person", wenn auch in Anführungszeichen, für jede Ausdrucksform des Lebens und nicht erst für den Menschen.

Diese biosemiotische Sicht wird philosophisch gestützt durch ein ausgezeichnetes Buch, welches das Geheimnis Gottes in der Schöpfung auf einzigartige Weise, wenn auch in schwer verständlicher Sprache darstellt. Danach ist Freiheit, also Subjekthaftigkeit, das Kennzeichen auch schon der vormenschlichen Realität: „Für den Glauben gilt überdies der den menschlichen Sinn stimulierende Anspruch auf *Freiheit*. Sucht man auch hier nach einer Entsprechung zwischen Mensch und Welt, scheint man ins Ausweglose zu geraten. Denn die in diesem Punkt bedauerlich defensiv argumentierende Philosophie räumt bestenfalls dem Menschen Freiheit ein, und erklärt den Rest der Welt zu einem determinierten Automaten … Leben ist aber nur möglich, weil es in allen seinen Reaktionen Spielräume nutzt. Die ihm dazu in einer Spontaneität gewährten Chancen müssen als Vorstufen der menschlichen Freiheit begriffen werden. Mit der Selbstorganisation des Lebendigen begegnet Freiheit im Universum nicht erst beim Menschen."[7]

Die in diesem Text beklagte „bedauerlich defensive" Argumentation trifft leider auch immer noch auf die Theologie zu. Auch der Papst will den Begriff „Subjekt" allein dem Menschen vorbehalten, wobei er hinzufügt, dass damit die Geschöpfe nicht zu bloßen Objekten herabgewürdigt werden dürfen (★81 f und 118). Die nachstehenden Ausführungen zeigen, wie anders Franz von Assisi denkt.

• Die entscheidenden Begriffe:
Gottesdienst, Gotteserkenntnis und Gehorsam

Für Franziskus sind alle Geschöpfe Subjekte. Er begegnet ihnen – unabhängig von einer eventuellen Beseeltheit – auf der Beziehungsebene mit voller Zärtlichkeit und Hingabe. Nicht die Beseeltheit ist für ihn ausschlaggebend, sondern die Gottesbeziehung. Sie geht von Gott aus und findet in der bleibenden Zuwendung zu Gott ihre Antwort. Im eingangs dieses Kapitels zitierten Franziskuswort besteht diese in drei subjekthaften Verhaltensweisen.

Im Dienen: Jedes Geschöpf hat innerhalb der Schöpfung Gottes seine Funktion, einen ganz bestimmten Auftrag, den es zu erfüllen gilt, einen unersetzlichen Platz, den es vor Gott und im Kontext des Ganzen einzunehmen hat (vgl. die Ausführungen zum Eigenwert: ★ 16, 33, 69, 118, 208). Dieses Dienen hat auch kultischen, also gottesdienstlichen, liturgischen Charakter, weshalb für Franziskus wie für die Bibel jedes Geschöpf Gott loben und preisen kann.

Im Erkennen: Jedes Geschöpf ist befähigt, Gott auf seine ihm zukommende Weise zu erkennen. Wenn man „erkennen" nicht vorwiegend rationalistisch versteht, sondern wesensmäßig, dann dürfte sich einem solchen Verständnis kein unüberwindliches Hindernis entgegenstellen. Auch die Bibel weiß, dass Erkennen eher dem Herzen als dem Verstand zuzuordnen ist. Und die ganze franziskanische Tradition hat sich einem bloß verstandesmäßigen Erkennen entgegengestellt und Erkennen als liebende und umfassende Zuwendung verstanden. Wir können zudem sagen, dass der ganzen Schöpfung unabhängig vom Menschen eine Art Rationalität innewohnt, die gerade der gläubige Mensch sieht, wie der Prolog zum Johannesevangelium weiß.

Im Gehorsam: Jedes Geschöpf ist wesentlich „gehorsam". Das bedeutet, dass in seinem Wesen eine Art Hörfähigkeit, Zugehörigkeit und Hellhörigkeit lebt. Franz von Assisi versteht Gehorsam, wie ja auch die Wortbedeutung fordert, viel tiefer und grundsätzlicher, als das gewöhnlich der Fall ist. Gehorsam ist für ihn nicht auf die Personalität der geistbegabten Geschöpfe beschränkt, er ist ein Wesenszug aller geschaffenen Dinge, insofern sie von Gott gewollt und für seinen Willen offen sind. Zusammen mit Dienen und Erkennen ist Gehorsam mit Geschöpflichkeit gleichzusetzen.

Bezogen auf den Menschen, meint Franz von Assisi, dass „Seele und Leib" zum Gehorsam gegenüber Gott finden müssen. Der Wille Gottes wird dann vollzogen, wenn „wir alle unsere Kräfte und Empfindungen der Seele und des Leibes zum Gehorsam gegen deine Liebe und für nichts anderes aufbieten" (Vat 5, FQ 32). Und der englische Chronist Thomas von Eccleston berichtet im 13. Jahrhundert von einem verstorbenen Bruder, der – nach seinem Befinden gefragt – in der Vision eines Bruders antwortet: „Meine Seele, sie ist geschaffen wie ein Geschöpf, das seinem Schöpfer gehorsam ist. Und sie ruht und ist in ihm, der sie aus liebender Zuneigung schuf" (Eccl 75, FQ 1075). Hier zeigt sich, dass selbst innerhalb des bisherigen philosophischen Denkens der Begriff „Gehorsam" über jenem der „Seele" steht. Das gilt auch für Tiere, Pflanzen, ja auch für Steine. Man muss also das Denken auf den Kopf stellen, um eine wirkliche Spiritualität der Schöpfung zu entwickeln, die nicht bloß die Vernunftseele, sondern auch den Leib und die Materie, die Pflanzen und die Tiere mit einschließt. Alles Geschaffene ist Subjekt, dient, erkennt, ist gehorsam. Das gilt sogar für die gefühllose Schöpfung.

Ein solches Verständnis des Geschaffenen mag für jene fremd sein, welche die Subjekthaftigkeit allein an den Menschen binden oder die sich in einem mechanistischen Weltbild bewegen. Wenn man aber die Erkenntnisse der Biosemiotik und der modernen Philosophie zur Kenntnis nimmt, dann fällt ein neues Licht auf die Auffassung des Franz von Assisi. Alle Geschöpfe sind nicht nur Gegenstände und Objekte, sondern zunächst und vor allem Subjekte, die „gottunmittelbar" sind und sogar besser als der Mensch dienen, erkennen und gehorsam sind.

• Schöpfung als Kommunikationsereignis

Auch die biblische Sicht der Schöpfung führt letztlich zur Auffassung, dass alle Geschöpfe Subjekte sind. Da ist Gott der voraussetzungslose Anfang, der Ursprung von allem. In den Schöpfungsgedichten (Gen 1,1–2,25) gehen die Schöpfung insgesamt und die einzelnen Geschöpfe aus einem Sprechakt Gottes hervor. „Gott sprach: Es werde Licht. Und es wurde Licht!" (Gen 1,3). Er ruft dieses – und es ist, und er ruft jenes – und auch das ist. Das gilt für das Wasser, die Luft, für die Sonne, den Mond und die Sterne, die Gräser, die Tiere und selbstverständlich auch für den Menschen.

Dies wird dann im Neuen Testament vertieft. Vor allem der Prolog zum Johannesevangelium (vgl. Joh 1) betont, dass Gott in allem, was er wirkt, Wort ist – Wort, das sich zuspricht und sich Gehör verschafft. Schöpfung ist wesentlich Botschaft, Kunde, Proklamation, gesprochenes Sinngeheimnis, Mitteilung, Offenbarung, steter Ausdruck eines Sprachvorganges. Alles, was ist, ist Wort und soll Antwort geben. Die Schöpfung ist eine „gewortete Welt". Nicht nur der Mensch ist, wie Karl Rahner sagt, „Hörer des Wortes". Sondern, wie die Bibel und auch Franziskus meinen, auch die anderen Geschöpfe auf je einmalige Weise.

Alles ist geworden durch das Wort
und nichts wurde ohne das Wort, was geworden ist.
jeder Stein ist Wort,
jede Blume Botschaft,
jedes Tier Mitteilung,
jeder Mensch Offenbarung,
Himmel und Erde Kundgebung,
das Universum Verlautbarung Gottes
– und wir haben Ohren, um zu lauschen.[8]

Die Schöpfung ist also die Sprachgestalt Gottes. Sein Wort ruft ins Dasein, und was ist, spricht von Gott. Man darf das ruhig auch in die Gräber hineinrufen: „Lazarus, komm heraus" (Joh 11,43), und der tote Lazarus kommt aus dem Grab heraus – in die Fülle des lebendigen Gottes.

Eine solche Glaubensüberzeugung widerspricht der Auffassung, dass die Vernunftseele aufgrund ihres Wesens „ewig" ist, alles andere aber nicht. Nach der Bibel gibt es kein lineares Weiterleben der Vernunftseele, wie das die antike Philosophie und ihre Epigonen bis in unsere Tage hinein fordern. Sie spricht hingegen vom lebendigen Gott, der auch den Stein noch zur ewigen Beständigkeit ruft. Auferstehung ist das Ergebnis eines göttlichen Rufes, ein neuer Schöpfungsakt, der die Ver-Wesung der Wesen zunichtemacht und auf alles den göttlichen Glanz fallen lässt (vgl. Röm 8,18–30).

Schöpfung ist ein Kommunikationsereignis, das sich so oder anders zwischen dem Erschaffenen und dem Erschaffer abspielt. Jedes Geschöpf ist Offenbarung und Antwort, es steht im Ge-hor-sam Gott gegenüber und ist Offenbarungsträger gegenüber den anderen Geschöpfen.

Der Unterschied zwischen nichtmenschlichen und menschlichen Subjekten besteht nach Franz von Assisi in der grundsätzlichen Fähigkeit des Menschen, im Widerspruch zu sich selbst bzw. zu Gott zu leben. Diese Widerspruchsfähigkeit, das Nichtdienen-, Nichterkennen- und Nichtgehorsamseinwollen ist den nichtmenschlichen Geschöpfen unmöglich. Nur der Mensch trägt die Freude und die Last der personalen Freiheit. Nur er kann zwischen gut und böse wählen. Auch für das Leid der Menschen, der Tiere und der Natur trägt er die Verantwortung, soweit dies nicht durch den Prozess der Evolution und Naturkatastrophen bedingt ist. Einzig der Mensch kann sich also der Schöpfung als Kommunikationsgeschehen entziehen. Der Schöpfung, die ihn umgibt, ist der Gehorsam ins unveränderliche Wesen eingeschrieben. Der Stein fällt, er kann sich nicht selbständig in die Luft heben. Der von Franziskus mit den Wurzeln nach oben gepflanzte Wirsing wird schlichtweg nicht wachsen und Menschen und Tiere niemals ernähren können, sollte ihn ein Mensch tatsächlich auf diese Weise pflanzen. Eine Katze wird den Vogel fressen, der Löwe die Gazelle jagen und ein Wolf das fliehende Schaf reißen. Das mag den beobachtenden, vor allem den glaubenden Menschen in unlösbare Fragen und in die dunkelste Nacht stürzen, die Tiere selbst aber werden nicht unmoralisch handeln und darum auch nicht haftbar gemacht werden können. Nur der Mensch ist ein Subjekt, das die Antwort schuldig bleiben, sich gegen die eigene Natur stellen und gegen Gottes Willen verstoßen kann. Christa Reinig (1926–2008) hat dies in ihrem wunderbaren Gedicht „Gott schuf die Sonne" zum Ausdruck gebracht:

„Ich rufe den wind
  wind antworte mir
  ich bin sagt der wind
  bin bei dir
  ich rufe die sonne
  sonne antworte mir
  ich bin sagt die Sonne
  bin bei dir
  ich rufe die sterne
  antwortet mir
  wir sind sagen die sterne
  alle bei dir
  ich rufe den menschen
  antworte mir
  ich rufe es schweigt
  nichts antwortet mir."[9]

Der Mensch kann also stumm bleiben und die Antwort verweigern. Im Unterschied zur Katze, die grausam mit der Maus spielt und sie dann tötet, muss der Mensch dieses grausame Spiel nicht spielen müssen. Er kann die Gewalt des Stärkeren nicht ausspielen wollen, seine Freiheit fordert ihn heraus, nicht grausam zu sein und eine neue Geschichte in Gang zu setzen, in welcher der Mensch dem anderen Menschen und den übrigen Geschöpfen nicht mehr ein reißender Wolf ist, sondern ein Lamm, das nicht schuld sein will am Tod der anderen.

• Der Ruf Gottes und die Kultfähigkeit

Für Franziskus ist klar, dass jedes Geschöpf ein aufgerufenes und Antwort gebendes Subjekt ist. Er hebt jedes Geschöpf zu sich empor und gibt ihm ein „Gesicht", eine Individualität: Sonne, Mond und Sterne, Wind und Wasser, Feuer und Erde – alle sind für Franziskus einzelne und unverwechselbare Wesen. Gerne spreche ich in der Ausdeutung des Sonnengesanges von „Quasipersonalität". Alle Geschöpfe sind „aufrufbar", „ansprechbar" und zur Antwort fähig. Dass Vertreter der „Biosemiotik" selbst bei den kleinsten Baustellen des Lebens und auch die Philosophie von „Person" sprechen, habe ich ja schon gezeigt. Das Anführungszeichen lassen moderne Philosophen bei Tieren sogar fallen, welche mit dem Menschen vergleichbare „sinnliche, emotionale, kognitive, soziale und kulturelle Fähigkeiten" (Markus Wild) besitzen. Sogar bei Pflanzen spricht man heute von einer individuellen Würde, die zu beachten ist (A. Brenner). Ganz allgemein setzt sich immer mehr die Auffassung durch, wonach der Schutz bloß der Artenvielfalt nicht mehr genügen kann, sondern dass die individuelle Pflanze und das einzelne Tier den menschlichen Schutz brauchen.

Franziskus nennt jedes Geschöpf Schwester oder Bruder, gibt ihm ein Gesicht. Alles, was ist, zeigt uns sein Antlitz, hat ein unverwechselbares „Prosopon", wie die Bibel sagen würde. Wir Menschen müssen dieses geschwisterliche Antlitz suchen, das sich uns zeigen will. Keine

Schneeflocke ist wie die andere, jeder Stein hat seinen unterscheidbaren Charakter, jede Blume ruft uns zu: „Vergissmeinnicht", jeder Hund bellt anders.

Weder die Bibel noch Franziskus haben darum ein Problem, jedem Geschöpf „Kultfähigkeit" zuzusprechen. Gerade weil der Mensch wegen seines „Ungehorsams" nicht fähig ist, „Gott auch nur zu nennen", will Franz von Assisi Sonne, Mond und Sterne, Wind und Wellen, gutes und schlechtes Wetter, das Wasser, das Feuer, die ganze Erde, ja alles, was ist, alle seine Schwestern und Brüder zum Lobpreis Gottes aufrufen (vgl. Sonn, FQ 40f.). Er folgt damit den Psalmen und der ganzen Gebetstradition der Heiligen Schrift.

• Die universale Familie Gottes

Wenn Franziskus alle Geschöpfe Schwestern und Brüder nennt, dann sagt er nicht nur, dass Gott der Ursprung aller Geschöpfe ist, sondern mehr noch: Alle gehen auf einen gemeinsamen Vater, eine gemeinsame Mutter zurück. Der französische Philosoph Jean Bastaire (1927–2013) wirft den franziskanischen Theologen vor, diesen Aspekt unterschlagen und eine farblose Schöpfungstheologie entfaltet zu haben. Statt von Gott, dem „Vater" der Geschöpfe, sprächen sie vom „ersten Prinzip". Der Franziskaner Bonaventura (1221–1274) sagt, die Geschöpfe seien „Schatten", „Spuren" und „Bilder", die der Mensch auf seinem Weg zu Gott nacheinander zu betrachten hätte, also zuerst ferne und konfuse „Schatten", dann ferne und erkennbare „Spuren" und schließlich nahe und präzise bildhafte Vergegenwärtigungen Gottes. Er fügt dann mit Bedacht und großer Inbrunst hinzu: „Wer durch so hellen Glanz der Geschöpfe nicht erleuchtet wird, ist blind. Wer durch so lautes Rufen nicht aufwacht, ist taub. Wer wegen all dieser Werke Gott nicht lobt, ist stumm. Wer aus so deutlichen Zeugnissen den Urgrund nicht erkennt, ist ein Tor. – Öffne also die Augen, neige hin die geistigen Ohren, löse deine Lippen und erschließe dein Herz, auf dass du in allen Geschöpfen deinen Gott siehst, hörst, lobst, liebst und anbetest, damit sich nicht der ganze Erdkreis wider dich erhebe!"[10]

Jean Bastaire wirft nun aber dem großen Theologen vor, dass er bloß philosophisch vom „Urgrund" spreche, nicht aber von der Vaterschaft Gottes, und so die Originalität biblischer Offenbarung verkenne. Für Christen sei Gott die Liebe und nicht bloß die „höchste Ursache". Für Franz von Assisi war tatsächlich die Liebe Gottes, „die Liebe, mit der Gott liebt", das entscheidende Motiv des Lebens und das Maß der liebenden Antwort des Menschen. Franziskus verdichtete dies in dem Hexameter „Ejus qui nos multum amavit multum est amor amandus" – „Die Liebe dessen, der uns über alle Maße liebt, müssen wir über alle Maße lieben" (vgl. 2 C 196, FQ 406). Aus dieser Wesensbestimmung heraus wird später Johannes Duns Scotus (1266–1308) sagen: „Gott will andere haben, die mit ihm zusammen lieben", womit alle Geschöpfe als liebende Wesen definiert sind, in deren Mitte der große Liebende, Jesus Christus, steht.

Gott sei für Franziskus der Vater, folgert Jean Bastaire, auch der Sandkörner, der Keime und Sprossen, der Wurzeln und Quellen, der Vögel, der Fische und der Landtiere. Jeder Stern, jeder Stein, jede Blume und jeder Baum, Wolf und Lamm, jedes Geschöpf ist auf je eigene Weise Sohn oder Tochter Gottes und in der Folge darum auch unser Bruder, unsere Schwester. Der Philosoph verweist unter anderem auf den Franziskaner Candide Chalippe (1684–1757), der im 18. Jahrhundert in einem diesbezüglichen Streit ausrief: „Als ob es eine Schande für den Menschen wäre, dass Gott, der ihn erschaffen hat, auch der Schöpfer der Tiere und der Vater der ganzen Natur sei!"[11] Auch der große Westschweizer Theologe Maurice Zundel (1897–1975), der wohl größte franziskanische Denker des 20. Jahrhunderts, sagte: „Verehrung der Natur ist heidnisch, Franziskus dagegen hat aufgrund der allumfassenden Vaterschaft Gottes alle Geschöpfe als Schwestern und Brüder geschätzt."[12]

Wir müssen also in familiären Begriffen denken und zärtlich mit den Geschöpfen umgehen. Denn sie sind unsere Schwestern und Brüder. Franziskus bewegt sich bei dieser Einschätzung auf der biblischen Grundlage, obwohl deren Übersetzer Hemmungen haben, dies auch in unsere Sprache zu bringen. Das Vokabular, das die Heilige Schrift für den Schöpfungsakt gebraucht, ist äußerst vielfältig. Neben der Aussage, dass Gott die Schöpfung als ein Sprachereignis hervorbringt, und neben dem Verb „erschaffen", das eine voraussetzungslose und freie Tat meint, spricht sie zum Beispiel auch mit Begriffen, die aus dem Zeugungs- und Geburtsvorgang stammen: ein Kind zur Welt bringen, gebären, zeugen, in Wehen liegen, meistens ins Passiv gesetzt, wenn das Ergebnis eine Tat Gottes voraussetzt. So übersetzt die Zürcher Bibel Psalm 90,1 f.: „Herr, ein Hort warst du uns von Generation zu Generation. Noch ehe Berge geboren wurden und Erde und Erdkreis in Wehen lagen, bist du, Gott, von Ewigkeit zu Ewigkeit." Berge, Erde und alles, was darauf wächst, sind also

Kinder Gottes und wollen teilhaben, wie Paulus im Rö-
merbrief sagt, an der Freiheit der Kinder Gottes und an
der Geburt der neuen Schöpfung: „Wir wissen, dass die
ganze Schöpfung seufzt und in Wehen liegt, bis zum heutigen Tag" (Röm 8,22).

• Gegenseitige Aufrufbarkeit

Franziskus versteht die Schöpfung als universale Familie,
in der sich die einzelnen Glieder gegenseitig zum Lob Gottes aufrufen. Schon früh macht er sich alttestamentliche
Texte (vgl. Ps 148) zu eigen, in denen er Geschöpfe zum
Lob Gottes aufruft. So schreibt er auf eine Altarverklei-
dung in einer schlichten Waldkapelle Umbriens:

> „Lobt ihn, Himmel und Erde.
>   Lobt den Herrn, all ihr Flüsse.
>   Lobpreist den Herrn, ihr Kinder Gottes.
>   Dies ist der Tag, den der Herr gemacht hat,
>   lasst uns jubeln und uns freuen an ihm.
>   Alles, was atmet, lobe den Herrn.
>   Lobt den Herrn, denn er ist gut;
>   alle, die ihr dies lest, lobpreist den Herrn.
>   Alle Geschöpfe, lobpreist den Herrn.
>   Alle Vögel des Himmels, lobt den Herrn."
>   (Auff 5–12, FQ 14)

Ebenso ruft der Sonnengesang, weil kein Mensch würdig
ist, Gott auch nur zu nennen (vgl. Sonn 1, FQ 40), Himmel und Erde, die Elemente der Schöpfung und selbst den
Tod zu einer kosmischen Liturgie.

Umgekehrt sind es Lerchen, Grillen und Nachtigallen, die Vögel ganz allgemein, aber auch die Schönheit der Natur, welche Franziskus bzw. die Menschen zur Anbetung Gottes führen.

Einer der schönsten Texte, der die responsoriale Liturgie der Kirche auf die Schöpfung überträgt, entstammt dem Schrifttum aus dem Umkreis des Bruders Leo, „*Von der Nachtigall, mit der der selige Franziskus sang*": „Der heilige Franziskus befahl einmal dem Bruder Schaf, wie er Bruder Leo nannte, an einem Waldrand das Essen zuzubereiten. Und wie er mit dem Essen anfangen wollte, begann in einem Gebüsch eine Nachtigall ihr Lied. Und der selige Franziskus meinte zu Bruder Schaf: Sieh da, Bruder, die Nachtigall lädt uns zum Lob des Schöpfers ein. So wollen auch wir hingehen und mit ihr zusammen Gott loben. ... Wie der selige Franziskus zu singen begann, schwieg die Nachtigall. Wie dann die Nachtigall zu singen anhob, schwieg auch er. Und als die Nachtigall schwieg, sang der selige Franziskus seinen Vers. Und so antwortete der eine dem anderen. Und mit diesem Jubelgesang verbrachten sie den Tag bis zum Abend. ... Wie der Abend kam, sagte der selige Franziskus dem Bruder Schaf: Ich bekenne: Die Nachtigall hat mich besiegt und zum Lob Gottes verführt."[13]

Diese Gegenseitigkeit besteht auch auf der Ebene der Verkündigung. Franziskus hat den Schluss des Markusevangeliums wörtlich genommen: „Geht hin in alle Welt und verkündigt das Evangelium den Geschöpfen" (Mk 16,15). Nach einer spontanen Predigt an die Vögel erkannte er, dass alle Geschöpfe auf die frohmachende Botschaft warten und in die Dynamik der Auferstehung der Toten einbezogen werden müssen. Auch Tiere und Bäume,

Steine und Äcker sollen an der Herrlichkeit der Kinder Gottes teilhaben dürfen (vgl. Röm 8,18–21). Die vielen Texte in der Franziskusbiografie, die vom Verhalten des Franziskus gegenüber den Geschöpfen erzählen, sind durchleuchtet vom österlichen Licht und weisen letztlich auf den anzustrebenden Endzustand der Schöpfung in Gott hin. Die vielen Anekdoten, wie Franziskus der Natur und den Tieren begegnete, sprechen eine deutliche Sprache. Sie gehorchen ihm, sie hören auf ihn, sie gehören zu ihm. Und umgekehrt predigten ihm die Geschöpfe: „Wenn er eine große Anzahl von Blumen fand, predigte er ihnen und lud sie zum Lob des Herrn ein, wie wenn sie vernunftbegabte Wesen wären. So erinnerte er auch Saatfelder und Weinberge, Steine und Wälder und die ganze liebliche Flur, die rieselnden Quellen und alles Grün der Gärten, Erde und Feuer, Luft und Wind in lauterster Reinheit an die Liebe Gottes und mahnte sie zu freudigem Gehorsam" (1 C 81, FQ 247 f.).

Es gehört zum ethischen Verständnis des Menschen, meint Franziskus, dass der Mensch auch den Tieren, ja sogar den Bestien, ge-hor-sam ist, „soweit es ihnen von oben gegeben ist" (GrTug 18, FQ 35). Mit anderen Worten: Die Geschöpfe, besonders die Tiere, haben uns etwas zu sagen; sie sind Offenbarungsträger, sie predigen uns. Diese Aussage ist an sich schon revolutionär, sie wird aber noch verstärkt durch seine Auffassung, dass man nur dann ein wirklich guter Mensch im ethischen Sinn sein kann, wenn man auch den Tieren gehorsam ist. Denn wer nicht alle Tugenden hat, hat keine, sagt Franziskus – was übrigens die alten Ethiker immer gesagt haben. Ich habe diesen oben angesprochenen und schwer zu verstehenden Text für unsere Zeit so formuliert:

Hinhören müssen wir
Hören auf alles und jedes
In mich hinein
und auf alles, was in mir nach Vollendung schreit
Hörend ausgespannt müssen wir sein
auf jeden Menschen, der uns begegnet
Er ist mein Bruder, meine Schwester
Hineinhören muss ich
in die ganze Menschheit
auf das, was sie zu ihrem Wohl braucht
Hören muss ich sogar
auf alle reißenden und wilden Tiere
Sie können uns von Gott erzählen

• Missbrauch und Bewahrung

Freilich muss man sehr gut hinhören, wenn man den Ruf
unserer Schwestern und Brüder Geschöpfe wirklich verstehen will. Nachstehendes Gedicht von Otto Jägersberg
zeigt, dass es bereits eine entsprechende Voreinstellung
braucht, um den wahren Willen eines Wesens herauszu-
hören.

Steinpilze

Meinem Nachbarn
Kaum im Wald
Rufen Steinpilze zu
Hier sind wir
Nimm

Ich gehe im Wald umher
Stunde um Stunde
Keiner ruft
Allerdings
Stolpere ich manchmal über einen
dann entschuldige ich mich[14]

Raffend oder freigebend – das ist die Entscheidung, die
uns zunächst abverlangt ist. Wer von der Subjekthaftigkeit
der Geschöpfe ausgeht, muss seinen Zugriff zähmen. Nur
schonend und zurückhaltend kann man dem begegnen,
was beansprucht, Individualität, „Person" und Subjekt zu
sein.

Wenn ich die vielen Geschichten betrachte, in denen
Franziskus den Geschöpfen begegnet, dann erkenne ich
drei Verhaltensweisen, die sich ihm von der „Subjekthaftigkeit" der Geschöpfe ergeben: In erster Linie sind Stein
und Wasser, Baum und Blume, Schaf und Wolf, Frau und
Mann Geschöpfe Gottes, Brüder oder Schwestern, die
mich anrufen und zu denen ich in einem kommunikati-
ven Verhältnis stehe. Sie sind um ihrer selbst willen da und
nicht eigentlich für mich, sie sind weder zu meiner Unter-
haltung noch zu meinem Nutzen da, weder Sachen noch
Waren. Sie sind Subjekte und unserem Gebrauch entzo-
gen.

In zweiter Linie spiegeln sie das Ganze im Fragment.
Fels und Fluss, Frucht und Blüte, Wurm und Taube, Jung
und Alt bieten sich meinem kontemplativen Blick und
meinem erkennenden Herzen als Spiegelbilder, Meta-
phern, Symbole, Schatten, Spuren und Transparente dar.
Sie ermöglichen Meditation, Poesie, Spiel, Liturgie … Sie
sind Subjekte, die mir begegnen und mich in ein vertief-

tes Selbstverständnis führen wollen. Ich kann sie „genießen", ohne dass ich sie verbrauche. Und erst ganz zuletzt stehen sie für unbedingt notwendige Bedürfnisse des Menschen zur Verfügung. In unserer Zeit hat dieser Aspekt besondere Bedeutung erlangt. Alles wird vermarktet, gekauft und verkauft, genutzt, verschwendet, weggeworfen, vernichtet.

Der nachstehende Text zeigt nicht nur, in welcher Haltung der Ehrfurcht Franziskus seinen Brüdern und Schwestern Geschöpfen individuell und personal begegnet, sondern auch, wie er sie dem Gebrauch entzieht. Alles soll noch „Hoffnung" haben können. Heute würden wir von einem nachhaltigen Gebrauch sprechen, wobei Franziskus weit darüber hinausgeht. „Unkraut", die Negation des Krautes, gibt es nicht, es gibt nur Geschöpfe, die für Menschen nicht zu gebrauchen, aber dennoch da sind. Die freilassende Haltung kommt vor allem in den vielen Tiergeschichten zur Geltung: Tauben und Schafe wurden vom Metzger freigekauft (vgl. Fior 22, FQ 1384; 4 C 7, FQ 491); statt den Fisch zu essen, legt er ihn wieder in den See zurück (vgl. Jul 40, FQ 550).

„Er erkannte im Schönen den Schönsten selbst; alles Gute rief ihm zu: ‚Der uns erschaffen, ist der Beste!' Auf den Spuren, die den Dingen eingeprägt sind, folgte er überall dem Geliebten nach und machte alles zu einer Leiter, um auf ihr zu seinem Thron zu gelangen. Mit unerhörter Hingebung und Liebe umfasste er alle Dinge, redete zu ihnen vom Herrn und forderte sie auf zu seinem Lobe. Mit Leuchten, Fackeln und Kerzen ging er vorsichtig um, denn er wollte mit seiner Hand nicht ihren Glanz trüben, der ein Schimmer des ewigen Lichtes ist. Über Felsen wandelte er ehrerbietig mit Rücksicht auf den, der Fels genannt wird … Wenn die Brüder Bäume fällten, verbot er ihnen, den Baum ganz unten abzuhauen, damit er noch Hoffnung habe, wieder zu sprossen. Den Gärtner wies er an, die Raine um den Garten nicht umzugraben, damit zu ihrer Zeit das Grün der Kräuter und die Schönheit der Blumen den herrlichen Vater aller Dinge verkündigten. Im Garten ließ er noch ein Beet mit duftenden und blühenden Kräutern anlegen, damit sie die Beschauer anregten, der ewigen Himmelslust zu gedenken. Vom Wege las er die Würmchen auf, dass sie nicht mit den Füßen zertreten würden. Den Bienen ließ er, damit sie nicht vor Hunger in der Winterkälte umkämen, Honig und besten Wein hinstellen" (2 C 165, FQ 389 f.).

„Wenn er sich die Hände wusch, dann suchte er den Ort so aus, dass das Wasser, das zur Erde fiel, nicht mit den Füßen getreten wurde" (SP 118, FQ 1324).

3. Eins mit der Erde *oder* Der geerdete Gott und die göttliche Erde

„An Lagern und Betten herrschte eine so überreiche Armut, dass, wer über dem Stroh noch ein paar halbwegs ganze Tuchfetzen hatte, in einem Brautbett zu ruhen glaubte. Es traf sich, dass zurzeit, da bei Santa Maria von Portiunkula ein Kapitel stattfand, der Herr von Ostia zum Besuch der Brüder mit einer Schar von Rittern und Klerikern dorthin kam. Als er sah, wie die Brüder *auf der Erde lagen*, und wie er ihre Lagerstätten betrachtete, die man für die Lager von Tieren hätte ansehen können, brach er in heftiges Weinen aus und sprach vor allen: ‚Seht, hier schlafen die Brüder!' Und er fügte hinzu: ‚Wie wird es uns Elenden ergehen, die mit so großem Überfluss Missbrauch treiben!' Alle Anwesenden wurden zu Tränen gerührt und gingen sehr erbaut von dannen" (2 C 63, FQ 335).

Im vorausgegangenen Kapitel war die Rede davon, dass jedes Geschöpf auf seine je einmalige Weise „Person", Subjekt ist. Es hat zunächst keinen anderen Zweck, als vor Gott und für sich *da* zu sein und innerhalb eines größeren Ganzen zu dienen, zu erkennen und an- und aufrufbar zu sein. Der ökonomische Nutzen der Geschöpfe ist dieser Daseinsbestimmung unterzuordnen und auf das Notwendigste zu beschränken. Alles muss auf den Kopf gestellt werden, man muss sich „oben" verwurzeln.

Als Franz von Assisi unten in der Ebene von Portiunkula dem Aussätzigen begegnete, da zögerte er nicht lange und verließ die Welt mit ihren Scheinwerten und gesellschaftlich akzeptierten Vorstellungen vom Leben (vgl. Test 3, FQ 59). Der Aussätzige wurde ihm zum „Sakrament" einer ganz anderen Weltanschauung. Er, der Randständige, gehört in die Mitte seines Lebens, nicht aber fürstliches Getue und Prunk. Der Rand wird zur neuen Mitte seines Lebens. Entsprechend werden in der Geschichte vom konsternierten Kardinal von Ostia, der mit seinem Hof zu einer Versammlung der Brüder kam, zwei Motive beschrieben, denen in diesem Kapitel etwas nachgegangen werden soll: der Missbrauch der Geschöpfe und die theologisch und spirituell notwendige „Erdhaftung".

• Missbrauchte Schöpfung

Der Kardinal ist zutiefst betroffen und zum Weinen gerührt, weil die Brüder auf der nackten Erde schlafen. Ihre Lagerstätten sind denen von Tieren ähnlich. Den Unterschied zu seinem eigenen Lebensstil empfindet der hohe Besucher als Provokation. Er erkennt, dass er im Überfluss lebt, und bekennt sogar, missbräuchlich mit den ihm zur Verfügung stehenden Gütern umgegangen zu sein. Damit wird ein Zusammenhang hergestellt zwischen dem Armutsideal des Franz von Assisi und, wie wir heute sagen würden, dem ökologischen Bewusstsein. Ein solcher Zusammenhang wird auch als Motiv für die Entstehung des Sonnengesangs erkennbar: „Ich will zu seinem Lob, zu unserem Trost und zur Erbauung des Nächsten ein neues ‚Loblied des Herrn auf seine Geschöpfe' dichten, deren wir uns täglich bedienen und ohne die wir nicht leben können. In ihnen beleidigt die Menschheit den Schöpfer sehr, und täglich sind wir undankbar für eine so große Gnade, weil wir unseren Schöpfer und Spender aller Güter nicht dafür loben, wie wir sollten" (Per 83,21 f., FQ 1159 f.).

Es ließen sich natürlich – gerade auch heute! – viele Gründe anführen, um diesen Zusammenhang von Armut und notwendiger Rücksicht auf die Schöpfung aufzuzeigen. Die päpstliche Umweltenzyklika betont immer wieder (vgl. ✴42–52), dass soziale Ausgrenzung, also Armut, und ökologische Schäden wesentlich zusammengehören. Allzu sehr besteht die Gefahr, die Um- und Mitwelt zu missbrauchen, ja sie zu einer bloßen Sache herabzustufen, dem Konsumrausch zu verfallen, der alles der Vernichtung anheimgibt, dem Nihilismus, der Sinn- und Ziellosigkeit, ja sogar dem Atheismus. Nicht zuletzt besteht auch die Gefahr, die eigene Freiheit und selbst die Seele zu verlieren.

Eine solche Gefahr ist nicht nur theoretisch gegeben, wie das Reimoffizium des Julian von Speyer in einem Text, der später noch näher betrachtet werden soll, sagt. Es spricht vom „irrigen und ziellosen Pfad der Begierden" (JulOff 17, FQ 513), von der Gier also, welche die Geschichte der Menschen von Anfang an prägt.

Franz von Assisi hatte dafür einen klaren Blick. Er definierte das, was die christliche Tradition missverständlich als „Erbsünde" bezeichnet, als gierigen Griff, als Aneignung des anderen, des Geschöpfes, des ganz Anderen. In seiner zweiten Ermahnung deutet er den Biss in den Apfel als mangelnde Einfühlung und fehlende Hellhörigkeit, als „Ungehorsam". Die eigenwillige Aneignung des Schönen, Guten und Wahren, die egozentrische Beanspruchung der vorgegebenen Schöpfungswirklichkeit, ist der Grund, warum Menschen und die Erde auf den Abgrund zurasen. Ganz im Sinn dieser Ermahnung sagt Heinrich

Spaemann (1903–2001): „Die Geste der Bemächtigung von Schöpfung bildet symbolisch den Anfang der Abwendung des Menschen von Gott. Herrschaft über die Erde, wie sie ihm zugedacht war, verkehrt sich nun weithin progressiv in deren Verknechtung, in Ausbeutung von je schwächeren Menschen durch die Stärkeren, in Durchsetzungsmacht, in angstmachende Macht, in Schlachtung und Verzehr der Tiere, im hemmungslosen Zugriff nach den Früchten, Schätzen und Energiequellen der Erde mit den schließlich bis in die Ozonschicht reichenden Verderbensfolgen … Das erste Symbol der gefallenen Welt ist die angebissene Frucht: erst ich, dann der andere, weil und solange ich ihn für mich brauche, zu meiner Ergänzung, Beruhigung – und eigener Machtausübung über ihn und mit ihm als Komplizen über andere.“[15]

• Erdgebundenheit

Das zweite Motiv der Eingangsgeschichte dieses Kapitels ist die „Bodenhaftung" der Brüder, die noch in vielen anderen Geschichten herausgestellt wird. Sie erzählen eine Verhaltensweise, die gerade nicht durch Missbrauch geprägt ist, sondern durch größtmögliche Schöpfungs- und Naturnähe.

Da lässt Franziskus in Portiunkula für Klara den Tisch auf der bloßen Erde decken, „wie er es zu tun pflegte". Kaum haben sich die beiden auf dem Boden niedergelassen, werden sie in eine gemeinsame Liebes-Ekstase fortgerissen: Weder das Essen noch sonst etwas ist faszinierender als die Liebe zu Gott und zum anderen (vgl. Fior 15, FQ 1370 f.). Da kommen eines Tages arme Männer, angeblich Räuber, nach Monte Casale und bitten um Speise und Trank. Sie werden vom Guardian der Bruderschaft weggewiesen, was der abwesende Franziskus nachträglich als Widerspruch zur bedingungslosen Gastfreundschaft empfindet. Denn in seiner Regel steht, dass die Brüder alle, die zu ihnen kommen, unabhängig von ihrer gesellschaftlichen Stellung oder moralischen Verfassung, voll Liebe aufnehmen sollen (FQ 76; vgl. NbR 2,1 FQ 70f.). Darum erteilt Franziskus dem Guardian und den Brüdern eine mehrstufige Lektion in der „Pädagogik der Liebe". Schließlich weist er die Brüder an: „Geht, nehmt gutes Brot und guten Wein mit, bringt es ihnen in den Wald, wo sie sich eures Wissens aufhalten, und ruft sie mit den Worten: ,Brüder Räuber, kommt zu uns, denn wir sind Brüder und bringen euch gutes Brot und guten Wein mit!' Jene werden sogleich zu euch kommen, ihr aber sollt *ein Tischtuch auf der Erde* ausbreiten, Brot und Wein darauf stellen und sie *demütig* und mit Freude bedienen, bis sie gegessen haben" (Per 115, FQ 1198).

Da ist weiter dieses wunderbare Mysterienspiel, in dem die Armut als Person auftritt. Die Brüder laden die „Herrin Armut" zum Essen ein. Diese findet aber „nichts anderes als drei oder vier Stückchen Brot aus Gerste oder Kleie, die auf das Gras gelegt waren … So saßen sie vereint zusammen und dankten Gott für alle seine Gaben" (SC 30,11–13, FQ 682f.). In der Folge wird die Nahrung beschrieben: vor allem Rohkost, wilde Kräuter, Pilze und was der Wald sonst noch bietet, da ist kein Salz und kein Gewürz. Dann folgt ein Abschnitt, der seine Wirkung auf die Lesenden kaum verfehlen kann: „Reicht mir, sprach sie, ein Messer, dass ich Überflüssiges wegputze und das Brot schneide, weil es sehr hart und trocken ist. Sie sprachen zu ihr: Herrin, wir haben keinen Schmied, der uns Klingen macht. Jetzt aber benütze die Zähne statt des Messers, und dann werden wir weitersehen. Und gibt es bei euch ein wenig Wein?, sagte sie. Jene antworteten und sprachen: Unsere Herrin, Wein haben wir nicht, denn das Wichtigste zum Leben sind Brot und Wasser. Und es tut dir nicht gut, Wein zu trinken … Sie führten die Armut an einen Ort zum Ausruhen, weil sie sehr müde war. Und so legte sie sich *nackt auf die nackte Erde*. Sie bat auch um ein Kissen für ihr Haupt. Doch jene brachten sofort einen Stein herbei und legten ihn darunter. Nachdem sie sehr ruhig und doch mäßig geschlafen hatte, stand sie eilends auf und bat, man möge ihr das Kloster zeigen. Die Brüder führten sie auf einen Hügel, zeigten ihr die ganze Welt, soweit man sehen konnte, und sprachen: Das ist unser Kloster, Herrin!" (SC 30,18–25, FQ 683).

Es dürfte sich von selbst verstehen, dass dieses Mysterienspiel das Verhältnis von Armut und Erdgebundenheit utopisch stilisiert. Es geht um das Zueinander von nackter Existenz und nackter Erde. Im Hintergrund dieser Stilisierung stehen Adam im Paradies und die Nacktheit des Gekreuzigten. Armut ist in dieser Schrift der Zustand der Unmittelbarkeit zu Gott. Nichts steht zwischen dem nackten Adam/dem nackten Gekreuzigten und Gott. Beide stehen bzw. hängen von Angesicht zu Angesicht nackt vor dem Schöpfer.

• „Pazifistische" Ernährungsweise

Die Schilderung der naturnahen Ernährungsweise in der eben erzählten Geschichte verweist also eher auf den Zustand im Paradies, als dass sie Spiegelung realer Verhaltens-weisen der franziskanischen Bruderschaft wäre. Am ehes-ten können Klara und ihre Schwestern für eine „paradiesische" Ernährung stehen, hatten sie sich doch von Gekochtem und tierischen Produkten weitestgehend dis-tanziert und sich mit Rohkost, Früchten, Nüssen und Oli-ven, Wasser, Brot und Salz begnügt (vgl. 3 Agn 31–37, KQ 34; KlReg 3,8–11, KQ 60). Franziskus dagegen, der von Haus zu Haus ging, um sich sein Essen zu erbetteln, hielt sich an die Freiheit des Evangeliums und aß alles, was man ihm vorsetzte. Das schrieb er als Verhaltensnorm für alle Brüder auch in seine Regel (vgl. Lk 10,8 und NbR 3,13, FQ 73).

Heute ist für viele erstaunlich und kaum vorstellbar, dass Franz von Assisi nicht Vegetarier war. So sagte mir vor nicht allzu langer Zeit eine schockierte Theologin: „Die Franziskaner essen ihre Schwestern und Brüder!" – und meinte die Tiere. Nun kann man sich durchaus fragen, ob Franziskus heute angesichts der großen Probleme in der Welt für eine vegetarische oder gar vegane Ernährung plä-dieren würde. Ich bin überzeugt, dass dem so wäre. Da-mals aber aß Franziskus regelmäßig Fleisch, sogar auch in der Fastenzeit, und zwar vor allem Geflügel (vgl. 2 C 79, FQ 344; 2 C 175, FQ 394; 2 C 199, FQ 407; Jord 12, FQ 977). Vermutlich wegen der damaligen Auffassung, wonach gegen Malaria, worunter er litt, Geflügel zu essen gut sei. Ebenso aßen auch die Brüder nach der Stabilisie-rung der Bruderschaft wie selbstverständlich Fleisch. In-teressant sind allerdings die Hinweise, dass Franziskus bei Einladungen offenbar so tat, als äße er Fleisch (vgl. Jul 32, FQ 546), und dass die Brüder auf Kapiteln sich nicht selbst Fleisch beschaffen sollten, es aber essen durften, falls Leute es ihnen brächten (vgl. Jord 11, FQ 976). Eine solche Zurückhaltung berichtet auch Thomas von Eccleston: Franziskus habe nach der Bestätigung der bullierten Regel vorgeschrieben, dass die Brüder bei Einladungen „nur drei Bissen Fleisch" essen dürften (vgl. Eccl 27, FQ 1035). Sie kannten, sagt der englische Autor, keine „Einschränkungen im Genuss der verschiedensten Speisen oder des Weines, aber in einigen Niederlassungen nahmen sie die ihnen gespendeten Zuspeisen (Eier, Fisch oder Fleisch, Erg. A. R.) nur an drei Tagen in der Woche" (Eccl 9, FQ 1025). Diese Sprechweise besagt: Gemüse war in der stabil gewordenen Bruderschaft in jedem Fall das Hauptgericht, tierische Produkte Beilage, auf die man da und dort verzichten wollte.

Es gibt also im Orden Indizien für eine Reduktion des Fleischkonsums bzw. den teilweisen Verzicht auf Fleisch. Dagegen wird freilich von Fleischessern die eindrückliche Stelle aus dem Kontext von Weihnachten zitiert: „Das Geburtsfest des Jesuskindes feierte er mehr als alle anderen Hochfeste mit unaussprechlicher Freude. Er hieß es das Fest der Feste, an dem Gott, ein kleines Kind geworden, an menschlichen Brüsten hing. Die Bildnisse jener kindlichen Glieder küsste er mit sehnsüchtigen Gedanken. Sein geläutertes Mitleid mit dem Kind brachte in seinem Herzen Worte der Süße hervor, so dass er wie ein Kind stammelte. Und dieser Name war ihm wie Honig und Honigseim im Munde. Als die Rede davon war, man dürfe kein Fleisch essen, weil Freitag sei, antwortete er dem Bruder Morikus: ,Bruder, du sündigst, wenn du den Tag Freitag nennst, an dem das Kind uns geboren wurde. Ich will', sprach er, ,dass sogar die Wände an einem solchen Tag Fleisch essen, und weil sie es nicht können, sollten sie wenigstens von außen damit bestrichen werden'" (2 C 199, FQ 407).

Dieser Text unterstreicht die erstrangige Bedeutung des Weihnachtsfestes, der später noch einmal vertiefter nachgegangen werden soll. Am „Fest der Feste" soll man sich der „Materialität" Gottes bewusst werden: Gott hängt „an menschlichen Brüsten", sozusagen an der „Fleischlichkeit". Da ist Fasten sowohl eine spirituelle als auch psychologische Unmöglichkeit. Da ist nicht Verzicht angezeigt, sondern Feierlichkeit, Fülle des Lebens. Da kann man nicht fremden Göttern huldigen: Der „dies Veneris" – „der Venustag", wie man den Freitag nennt, darf keine sinnstiftende Bedeutung haben – und auch der Fasttag nicht, der an Freitagen durch Fleischverzicht einzuhalten war. Und im begeisterten Überschwang formuliert Franziskus auf poetisch-metaphorische Weise die an Weihnachten gebotene Festlichkeit. Ein Argument gegen den Vegetarismus darf daraus nicht gezimmert werden.

Wahrscheinlich war dagegen Antonius von Padua Vegetarier und hatte deshalb nach anfänglichem Widerstand Erfolg bei den Katharern, die aus weltanschaulichen Gründen kein Fleisch aßen. Der eben zitierte Text über Weihnachten kann übrigens auch als Geschichte gedeutet werden, welche der leibfeindlichen dualistischen Einstellung der Katharer entgegensteht. Franziskus und seine Brüder wollten sich eindeutig von ihnen distanzieren, indem sie den Fleischgenuss nicht zum grundsätzlichen Problem erhoben.

Zudem war Franziskus nicht nur ein Asket, sondern auch ein Genießer. Er mochte gerne Petersilie (vgl. 2 C 51, FQ 329), Trauben (vgl. 2 C 176, FQ 395), Rüben (1 C 42, FQ 225; Gef 55, FQ 642;), Mandelplätzchen (vgl. Per 8,

FQ 1095), Wein (vgl. 1 C 61, FQ 236). Hinzuzufügen ist, dass die Brüder keine Lebensmittelvorräte anlegten, getreu dem biblischen Wort: „Sorgt euch nicht um morgen; denn der morgige Tag wird für sich selbst sorgen. Jeder Tag hat genug eigene Plage" (Mt 6,34). Mit einer solchen Genügsamkeit wurden Anhäufung und Verschwendung von vorneherein verunmöglicht (vgl. 1 C 29, FQ 216f.).

Und nun möchte ich auf den bereits erwähnten Text von Julian von Speyer zurückkommen. Er setzt alles auf den Herrn, „der uns ernährt".

„R: ‚Geht', sagt er, ‚auf ihn,
   den Herrn, der euch nährt,
   werft euer Denken.'
   So hielt er fern von den Brüdern
   den irrigen und ziellosen
   Pfad der Begierden.
V: So ist das Herz von Sorgen frei
   und kümmert sich *nicht um morgen,*
   ob *Geld in den Gürteln* steckt"
(JulOff 9c, 513).

Nochmals ist hier von der Gier die Rede, die nach Franziskus die Quelle des Bösen ist. Wenn also der „Bund mit der Herrin Armut" den paradiesischen Ursprung beschwört, so ist damit eine Art Ur-Modell gegeben, an dem eine schöpfungsorientierte Ernährungsweise Maß nehmen soll. Auch heute werden Vegetarismus und Veganismus als pazifistische Perspektiven verstanden, die sich auf die Bibel berufen können: „Dann sprach Gott: Hiermit übergebe ich euch alle Pflanzen auf der ganzen Erde, die Samen tragen, und alle Bäume mit samenhaltigen Früchten. Euch sollen sie zur Nahrung dienen" (Gen 1,29). Ein modernes politisches Strategiepapier für eine vorwiegend pflanzliche Ernährung („Nachhaltige Ernährung 2020") glaubt, dass damit die sechs größten Weltprobleme gelöst werden könnten: der Klimawandel, Hunger und Armut, die Wasserknappheit, die Versorgungssicherheit, das Leiden der Tiere und nicht zuletzt die Gesundheit.

Klar erkennbar ist diese pazifistische Perspektive in der provokativen Feststellung des Schweizer Philosophen Jean-Claude Wolf (geb. 1953): „Es gibt eine Befreiung der Tiere (animal liberation), doch sie besteht nicht darin, ihnen Bildung, Redefreiheit und partizipative Rechte zu verleihen. Vielmehr ist Entlassung aus der Gefangenschaft, aus dem routinierten und gewalttätigen Zugriff ihrer Manipulateure und aus dem ökonomischen System der Tierproduktion fällig. Es wird hoffentlich einen Ausweg aus dem Labyrinth der Tierproduktion und Tiernutzung durch den Menschen geben. Die Erfüllung des Tierschutzes kann nur im Abolitionismus (in der Abschaffung des Fleischkonsums, Erg. A. R.) liegen. Deshalb ist die Befreiung der Tiere von ihren tierlichen und menschlichen Peinigern Bestandteil eines eschatologischen Endzeitbildes, in dem Löwe und Schaf friedlich nebeneinander liegen; mit Gottes Hilfe wird es möglich sein, jedes einzelne Tier zu befreien. Dies ist nur möglich, wenn ihre schlimmsten Feinde, die Menschen, von ihrer Gier nach Fleischeslust erlöst sein werden. Die Befreiung der Tiere wäre erst dann definitiv vollzogen, wenn kein Mensch mehr im Verlangen nach Fleisch und Profit von Tieren ‚rückfällig' würde. Es wäre einigermaßen naiv, dieses Ziel vordringlich auf die politische Agenda zu setzen. Politik verlangt viele Zwischenschritte und Kompromisse."[16]

Kehren wir zurück zum Willen des Franziskus, auf pro-
vokative Weise der Erde verbunden zu sein. Die nachstehende Weihnachtsgeschichte, die mit der eben erzählten
gewissermaßen im Kontrast steht, wird zwar von Thomas
von Celano auf ein Osterfest datiert (vgl. 2 C 61 f.,
FQ 334 f.), ich halte aber die unten zitierte Textsammlung
von Perugia für glaubwürdiger. Denn nicht nur ist Greccio, wo die Erzählung lokalisiert ist, der Ort, an dem Franziskus Weihnachten gefeiert hat. Hinzu kommt das weih-
nachtliche Motiv der Menschwerdung Gottes, das der
Geschichte die ganze Brisanz vermittelt:

„Einmal kam ein Minister der Brüder zum seligen Franziskus, der damals in dieser Niederlassung weilte, um mit
ihm das Fest der Geburt des Herrn zu feiern. Als nun die
Brüder dieser Niederlassung den Tisch am genannten
Weihnachtstag zu Ehren jenes Ministers feierlich mit schönen weißen Tischtüchern, die sie besorgt hatten, und mit
gläsernem Trinkgeschirr deckten, traf es sich, dass der selige Franziskus von der Zelle zum Essen herabkam. Als er
nun den Tisch erhöht und so sorgfältig gedeckt sah, ging
er heimlich hin und nahm den Hut eines armen Mannes,
welcher am selben Tag dorthin gekommen war, und den
Stock, den er in Händen gehalten hatte. Dann rief er leise
einen seiner Gefährten und ging zur Tür der Einsiedelei
hinaus, ohne dass die anderen Brüder des Hauses es wuss-
ten ... Da kam Franziskus [später] mit dem Hut im Na-
cken und dem Stock in der Hand wie ein Pilger. Als er nun
vor die Tür des Raumes kam, wo die Brüder aßen, rief er
wie ein Armer laut und sagte zu den Brüdern: ‚Um der

Liebe Gottes, des Herrn, willen gebt diesem armen, kranken Pilger ein Almosen!' Jener Minister und die anderen Brüder erkannten ihn sofort. Der Minister antwortete ihm: ‚Bruder, wir sind gleichermaßen arm, und weil wir viele sind, sind für uns die Almosen unentbehrlich, die wir verzehren. Doch um der Liebe jenes Herrn willen, den du angerufen hast, tritt herein, und wir werden dir von den Almosen geben, die der Herr uns gegeben hat.' Als er nun eintrat und vor dem Tisch der Brüder stand, reichte ihm der Minister die Schüssel, aus der er aß, und ebenso Brot. Da nahm er es, *setzte sich vor den Brüdern, die am Tisch erhöht saßen, auf den Boden neben das Feuer* und sagte seufzend zu ihnen: ‚Als ich den Tisch feierlich und sorgfältig gedeckt sah, dachte ich, das ist nicht der Tisch armer Ordensleute, die täglich von Tür zu Tür betteln. Denn es geziemt sich für uns mehr als für andere Ordensleute, auf diese Weise in allem dem Beispiel der Demut und Armut zu folgen, da wir dazu berufen sind und dies vor Gott und den Menschen gelobt haben. Daher scheint es mir, dass ich nur so wie ein Bruder sitze.' Da waren die Brüder beschämt, weil sie bemerkten, dass der selige Franziskus die Wahrheit sagte, und einige von ihnen begannen heftig zu weinen, als sie sahen, wie er *am Boden saß* und sie auf so heilige und vornehme Art zurechtweisen wollte. Ebenso pflegte er zu sagen, die Brüder sollten ihre Tische so demütig und ehrbar halten, dass sich die Weltlichen daran erbauen könnten, und wenn ein Armer von den Brüdern eingeladen werde, *dann könne er neben ihnen sitzen, nicht der Arme am Boden und die Brüder am Tisch erhöht*" (Per 74, FQ 1148 f.).

Die Armut und eben auch die damit zusammenhängende erdnahe Existenz sind ganz zentral auch in der „Fleischwerdung Gottes" begründet. An Weihnachten nahm Gott die Gestalt eines „Erdlings" an, um die Armut „in den unteren Schichten der Erde zu suchen" (SC 5,9, FQ 666). Ein solcher Herabstieg Gottes steht im Widerspruch zu jeder Hierarchisierung der menschlichen oder kirchlichen Beziehungen. Gott ist wie das Wasser, das immerzu nur den untersten Punkt aufsucht. Erhöhung und Erniedrigung, Über- und Unterordnung dürfen in einer Gemeinschaft, die Christus zur Mitte hat, nicht vorkommen (vgl. NbR 5,9, FQ 74). Und, wie der Sonnengesang zeigt, nicht einmal in der Schöpfung, in welcher der Höchste in der „größtmöglichen Erdgebundenheit" (con grande umiltade) erscheint und die Geschöpfe einander Brüder und Schwestern sind.

Mit dem Eingehen Gottes in den Humus wird auf der Grundlage der Bibel (vgl. Gen 2,6 f.) auch das wahre Menschsein definiert. Der Mensch ist Adam, also von der Adama (hebräisch = Erde), genommen. Er ist von Gott angehauchte Erde, ein „Erdling"; Humus, der zum „Homo" (lateinisch: „Erdling" = Mensch) gestaltet ist (vgl. ★2, 238,245). Der Mensch wird bei seinem Tod zur Erde zurückkehren. Einen etwas anderen Akzent setzt Papst Franziskus vor der UNO: Der Mensch sei „ein Teil dieser Umwelt. Er hat einen Körper, der aus physischen, chemischen und biologischen Elementen gebildet ist, und kann nur überleben und sich entwickeln, wenn die ökologische Umgebung dafür günstig ist."[17]

Nur wer diese Herkunft aus der Erde und die Erdgebundenheit als sein bleibendes Wesen annimmt und sich entsprechend verhält, darf sich als Mensch verstehen. In der erzählten Weihnachtsgeschichte steht dafür das Wort „demütig", auf Lateinisch „humilis" (erdig, irdisch). Im Übrigen teilt der Mensch Herkunft und Bestimmung auch mit den Bäumen und den Pflanzen (vgl. Gen 2,7.9) und natürlich vor allem auch mit den Tieren (vgl. Gen 2,19). Die Erde, „Mutter Erde" – wie es im Sonnengesang heißt –, ist das alle Geschöpfe Verbindende und Umfassende, der Mutterschoß, aus dem alles hervorgegangen ist. So sind Pflanzen, Tiere und Menschen bleibend miteinander vernetzt und verbunden. Der Mensch darf sich nicht aus diesem mütterlichen Grund herauslösen. Wenn er es tut, dann wird er an sich selber und an der Erde schuldig. Nur der Mensch kann sich aus dieser Wesensverwandtschaft herausnehmen und sich von seiner Mutter losreißen, Pflanzen und Tiere können das nicht, wie Franziskus meint. Aber auch das ist wahr: Nur der Mensch kann diese Verwandtschaft und diese Verbundenheit mit der Erde bewusst wählen und gestalten. Die lateinische Tradition nennt diese Wahl und Ausgestaltung „humilitas", was mit „Demut" nur ansatzweise ins Deutsche übertragen ist. Bodenständigkeit, Bodenhaftung, Erdverwurzelung, Erdung, Erdnähe, Verschwisterung mit allem Irdischen sind Begriffe, die näher bei der christlichen Tradition angesiedelt sind. So sagt Papst Gregor IX. im Jahre 1237, dass Franziskus wie alle Menschen „aus dem Lehm des Erdbodens" gebildet sei.

Wenn Gott also Mensch wird, Humus, dann wird die Erde zu einem von Gott bewohnten Ort.

• Vollzüge des wahren Menschseins

Die Erdverbundenheit wollte Franziskus sein ganzes Leben lang einüben und vollziehen, indem er sich – auf diese Weise gottähnlich – dem Erdboden gleichmachte. So warf er sich immer wieder auf den Boden, um lange Zeit betend und meditierend, wohl auch solidarisch mit allem Irdischen, vor Gott dazuliegen: in Kapellen und Kirchen vor dem Altar (vgl. 2 C 123, FQ 368), in der Zelle, die Arme wie ein Kreuz ausgestreckt (von einem Mitbruder in Spanien ausgesagt; vgl. 2 C 178, FQ 396), im Wald, überall, wo er gerade war. Später wird dieses Ausgestrecktsein als Gebetsweise des hl. Dominikus beschrieben und entsprechend illustriert. Franziskus küsst zudem auch den Boden (vgl. LM 14,2, FQ 772). Vor allem auch war es das Barfußgehen, mit dem er sich von der Erde Zeit, Aufmerksamkeit, Geduld, Zärtlichkeit, Einfühlung, Tagesrhythmus und vieles mehr vorgeben ließ. Barfuß geht man anders über die Erde als mit Schuhen und Stiefeln: intensiver, bewusster, mit Gefühl und Empfinden.

Als Zusammenfassung darf der Bericht zur Todesstunde des Franziskus gelten: „Und zu den Brüdern sprach er: ‚Wenn ihr seht, dass es mit mir zu Ende geht, so *legt mich nackt, wie ihr mich vorgestern gesehen habt, auf den Boden und lasst mich, wenn ich verschieden bin, so lange so liegen, wie man braucht, um gemächlich eine Meile weit gehen zu können'"* (2 C 217, FQ 417).

Zu bedenken ist besonders, dass an Stelle von „gemächlich" im lateinischen Text „suaviter" steht, was nicht ganz dasselbe ist. „Gemächlich" ist ein Zeitbegriff und meint ein gemäßigtes Tempo, „suaviter" jedoch eine sinnliche Empfindung und müsste mit „süß", „sanft", „zärtlich" übersetzt werden. Die Brüder sollen also nach dem Tod des Franziskus eine Meile rücksichtsvoll und einfühlend, mit der größtmöglichen Sanftheit über die Erde gehen. Welche Symbolik: der tote Franziskus nackt auf der nackten Erde, und die Brüder spazieren meditativ, nachdenklich und empfindsam – barfuß! – über die Erde.

Auch die besondere Wertschätzung der Kapuzenlerche hat mit der Einübung ins wahre Menschsein zu tun: Sie hat, sagt Franziskus, ein erdfarbenes Kleid, sie nistet im Ackerboden, fliegt zum Himmel und nährt sich nur nebenbei (vgl. Per 14, FQ 1103). So las er an ihnen ab, wie er sein wahres Menschsein leben sollte: erdverbunden und doch Gott lobend. Man darf sogar vermuten, dass das wiederholte „laudato si" des Sonnengesanges ein Lernergebnis aus der Schule der Lerchen darstellt. Denn das lateinische Wort für Lerche ist „alauda".

• Die doppelte Ebenbildlichkeit Gottes

Auch seine Leibhaftigkeit verwies Franziskus auf das wahre Menschsein. Er stellte fest, dass er, wenn er seine Arme ausstreckte, in einem doppelten Sinn Gott gleicht. Gott hat „alles Geistige und Körperliche geschaffen" (NbR 23,1, FQ 89) und den Menschen als „Bild und Ähnlichkeit" Gottes geformt (vgl. Gen 1,26). Franziskus deutet diese beiden Begriffe auf seine eigene Art. Als „Leib" ist der Mensch „Bild" Jesu, ein deutlicher Hinweis auf die leibhafte Existenz Gottes hier auf Erden, ja, wenn man die Arme ausstreckt, auf den Gekreuzigten, der sich sterbend und sich hingebend in die Weite des Universums weitet. Als „Geist" ist der Mensch Gott ähnlich, trägt Sorge und Verantwortung für das Ganze, ist er Gottes Stellvertreter, Hirte und Gärtner der Schöpfung (vgl. Erm 5, FQ 48).

Man könnte es auch so sagen: Der Mensch ist die Schnittstelle des Kosmos. Aufrecht stehend, mit seinen Füßen fest in der Erde verankert, mit seiner „Seelenspitze" nach oben gerichtet, ist er – vertikal – in unendliche Höhen „entrückt", Gottes Sohn. Und Gott geht ein in diesen Leib und durchdringt in ihm und durch ihn alle Körper dieser Welt bis in alle Abgründe und Tiefen hinein. Mit Christus verbunden, streckt der Mensch seine Arme aus, um sich – horizontal – mit dem Universum zu verbinden und in Solidarität mit allem zu leben. Der Mittelpunkt einer solchen Leib- und Geisthaftigkeit ist das Herz, das für die ganze Schöpfung schlägt. So läuft alles, was ist, in seiner Personmitte zusammen.

Franziskus fühlt sich also in einem doppelten Sinn als Verkörperung Gottes in dieser Welt. Geistig weiß er sich verantwortlich für alle Geschöpfe, begegnet er ihnen als Bruder, spricht mit ihnen, und sie sprechen mit ihm. Leibhaft ist er eingebunden in Freuden und Leiden der Geschöpfe (vgl. Vat 5–8, FQ 32). Er weiß sich als Bruder, der sich mit den Geschöpfen freut, der mit ihnen tanzt und spielt, er versteht sich als Sänger des Alls, aber auch als solidarisch Mitleidender. Der vertrocknende Wurm im Staub der Straße, das Schicksal des Lammes oder der Tauben, der Tiere, die man zum Schlachten wegbringt, der Schmerz des kranken Bruders, die Not und Enge der Armen, der Aussätzige zerreißen ihm das Herz. Und so hängt er mit Jesus am Kreuz und leidet am und mit dem Leiden der leidenden Geschöpfe. Und davon kommt er gedanklich und gefühlsmäßig nicht weg. Er meditiert das Kreuz Jesu und der Schöpfung tagtäglich mehrmals und jahrelang, bis die Verwundung durch das Leiden seine leibhaften Spuren hinterlässt. So gehören die Wundmale ebenso zur franziskanischen Schöpfungsspiritualität wie sein Sonnengesang. Wer Leidens-

und Schöpfungsmystik voneinander trennt, hat Franziskus nicht verstanden.

• Die Erdnähe und Selbstenteignung Gottes als Weg der Erlösung

Kehren wir zum zentralen Begriff „Erdnähe/Humilitas" zurück. Bei tieferem Nachdenken erweist sich dieser als Eigenschaft Gottes schlechthin. Das aber ist wirklich unerhört. In einer philosophischen Gotteslehre kann diese Eigenschaft gar nicht vorkommen. Denn da geht man vom Begriff aus. Wenn Gott Gott ist, dann muss er „allmächtig", „allgütig" und vieles mehr sein, vor allem auch der, der größer nicht gedacht werden kann. Nie käme ein Denker auf die Idee, dass Gott auch nicht noch kleiner gedacht werden kann, ja dass er sozusagen im Kleinen und Irdischen verschwindet. „In den kleinsten Dingen ist Gott der Größte" – „in minimis Deus maximus", steht am Ratzeburger Dom bei einem Bienenkorb, um an den Bienensegen, einen der ältesten deutschen Texte (10. Jahrhundert), zu erinnern. Gott muss auch in den Bienen und in allen kleinsten Wesen gesucht werden. Ja, man muss sich zur Erde bücken, wenn man Gott finden will. Die „Humilitas" Gottes ist für geistliche Menschen ein tägliches Ereignis. Darum ruft Franziskus uns zu:

Ihr Menschen
Warum so hartherzig?
Warum verschließt ihr euch der Wahrheit?
Glaubt an den Sohn Gottes.
Seht:

Täglich erdet er sich wie einst im Schoß Marias.

Täglich kommt er zu uns und zeigt sich in erdhafter Gestalt.

Täglich steigt er herab ...

(vgl. Erm 1, FQ 46).

Tägliche Gesten, unscheinbares Brot, ein Tropfen Wein, das wohlgefällig Gute und das kleine Schöne – das sind die Orte, an denen Gott aufleuchtet. Aber auch im Aussätzigen, im Bettler, in den Ausgestoßenen, in der lästigen Wespe, in der gefräßigen Schnecke im Garten, immer dort, wo man die Nase rümpft, kommt er uns entgegen. Es entsteht auf diese Weise ein revolutionäres Paradox, ein Umsturz aller Werte, eine neue Ethik. Das Große ist klein, das Kleine ist aller Verehrung würdig. Was in der Welt zählt, ist nichts, und alles, was man verdrängt und verachtet, verdient unsere Aufmerksamkeit. Wer leidet, muss aus seinem Leiden befreit werden. Von der Erdnähe Gottes in Jesus her ruft Franziskus: „Wisst, dass vor dem Angesicht Gottes manche Dinge überaus hoch und erhaben sind, die bisweilen unter den Menschen für niedrig und wertlos angesehen werden. Und andere Dinge sind unter den Menschen wertvoll und ansehnlich, die vor Gott als ganz niedrig und wertlos gelten" (2 Kust 2f., FQ 113).

„Humilitas/Erdhaftung" ist also ein entscheidender Begriff in der franziskanischen Mystik und Ethik. Eine solche Redeweise trifft den Begriff „Kenosis Gottes", wie er bei Paulus im Philipperbrief geprägt wurde (vgl. Phil 2,7). Zu übersetzen wäre dieses griechische Wort etwa mit „Selbstentleerung", „Selbstvernichtung", „Selbstentäußerung" Gottes. Auch in der Philosophie gibt es Stimmen, welche sagen, dass die Gottesrede an dieser „Äußerung"

Gottes Maß nehmen müsste: „Die Säkularisierung bewirkt nicht, dass die Transzendenz Gottes in immer strahlenderem Licht erscheint, indem sie den Glauben von einer zu engen Bindung reinigt: der Bindung an die Zeit, an die Erwartung der menschlichen Vervollkommnung, an die Illusionen bezüglich einer fortschreitenden Aufklärung der Vernunft. Vielmehr ist sie eine Weise, in welcher die kenosis – die mit der Menschwerdung Christi begann und bereits früher mit dem Bund zwischen Gott und ‚seinem' Volk – immer klarer ausgeprägt in ihrer Verwirklichung fortschreitet, indem sie das Werk der Erziehung des Menschen zur Überwindung des ursprünglich gewalttätigen Wesens des Sakralen und des gesellschaftlichen Lebens selbst weiterführt … Der Leitfaden der Interpretation, die Jesus vom Alten Testament gibt, ist der neue und intensivere Bezug der Liebe zwischen Gott und der Menschheit und dementsprechend auch unter den Menschen. So gesehen, ist die Erlösung ein Ereignis, das die kenosis, die Herablassung Gottes, immer vollkommener verwirklicht: Während Gott die Weisheit der Welt – d. h. die metaphysischen Träume der natürlichen Religion, die ihn als absolut, allmächtig, transzendent, kurz: als das ipsum esse (metaphysicum) subsistens denkt – Lügen straft, ist die Säkularisierung, d. h. die progressive Auflösung aller naturalistischen Heiligkeit, die eigentliche Essenz des Christentums."[18]

Für Franz von Assisi ist die „Humilitas" bzw. die „Kenosis" der Weg, auf dem Gott die Erde erlöst. Auch deswegen besteht die Nachfolge Jesu in einem Leben der steten Selbstenteignung. „Sine proprio" – „ohne Eigentum" und ohne Besitz leben – das ist die franziskanische Antwort auf die Ur-Schuld der „Aneignung" (vgl. oben). „Die

Brüder sollen sich nichts aneignen, weder Haus noch Ort noch sonst eine Sache" (BR 6,1, FQ 98), keine Ämter (vgl. NbR 17,4, FQ 83), kein Geld (vgl. NbR 8, FQ 76f.), nicht den eigenen Willen (vgl. Erm 2, FQ 46), nicht die Gesundheit (vgl. NbR 10,3f., FQ 79) und nicht das Gute, das man tut (vgl. NbR 17,17, FQ 84), auch keine Tiere (vgl. NbR 15,1, FQ 81) …

Der Mensch soll sich also nicht als Besitzer aufspielen, sondern Bodenhaftung wahren und mit möglichst wenig auskommen: „Und jene, die kamen, Leben zu empfangen, gaben alles, was sie haben mochten, den Armen. Und sie waren zufrieden mit einer einzigen Kutte, innen und außen geflickt, samt Strick und Hosen. Und mehr wollten wir nicht haben" (Test 16f., FQ 60). Die Brüder sollten innerlich reich an Leben sein (vgl. BR 6, FQ 98). Und dieser Reichtum erwächst aus dem Geheimnis Gottes, das sich mit der Erde identifiziert und im Innersten der Schöpfung anwesend ist und bleibt. Franziskus könnte Johannes von Damaskus zustimmen, der feststellt: „In alter Zeit wurde Gott, der Körper- und Gestaltlose, auf keinerlei Art bildlich gestaltet, jetzt aber, nachdem Gott im Fleische erschienen und mit den Menschen umgegangen ist, bilde ich an Gott das Sichtbare ab. Ich verehre nicht die Materie, ich verehre vielmehr den Schöpfer der Materie, denjenigen, der meinetwillen Materie geworden ist, der es auf sich genommen hat, in Materie zu wohnen, und der durch die Materie mein Heil gewirkt hat, und ich werde nicht aufhören, die Materie zu verehren, durch die mein Heil gewirkt ist. Ich verehre sie aber nicht als Gott – das sei ferne; denn wie könnte das, was aus Nicht-Seiendem sein Werden erhalten hat, Gott sein? … Ist nicht Materie das Holz des Kreuzes, dreimal glücklich und dreimal selig? … Ist

nicht Materie die Tinte und das hochheilige Evangelien-
buch? Ist nicht Materie der lebensspendende Tisch, der uns
das Brot des Lebens darbietet? … Sind nicht Materie vor
all diesen Dingen der Leib und das Blut meines Herrn? …
Mache die Materie nicht schlecht; denn sie ist nicht wertlos! Nichts nämlich ist wertlos, was von Gott stammt."[19]

Oder mit Silja Walter:

„Du Wort, das der Vater spricht,
behältst deine Gottheit nicht
als Beute und Raub,
du springst in den Staub:
Du Leben, du Licht wirst Mensch, der zerbricht,
da fließen die lebenspendenden Wasser
des Heils. Halleluja."[20]

4. Hoffnung *oder* Die neuen Zeichen des Himmels und der Erde

„… Heil mit den neuen Zeichen des Himmels und der Erde, die groß und erhaben sind bei Gott, aber von vielen Ordensleuten und anderen Menschen für ganz niedrig gehalten werden" (1 Kust 1, FQ 111).

Für Franz von Assisi ist der geerdete Gott die Hoffnung der Welt. Da ist eben alles auf den Kopf gestellt. Wenn alle irdischen Hoffnungen sterben – die Hoffnung, die von Gott ausgeht, bleibt. Kein Mensch, keine politische Aktion und kein ökologisches Programm kann jene Hoffnung wecken, die ewig Bestand hat. Die Hoffnungen, die durch menschliche Unternehmungen begründet werden, sind deswegen nicht nichtig. Sie können aber ins Leere laufen, sind oft trügerisch und ungenügend. Franziskus vertritt jene Hoffnung, die trotz aller Enttäuschungen und Fehlleistungen bestehen bleibt. Er erkennt „die neuen Zeichen des Himmels und der Erde", die endgültige neue Schöpfung, wie sie in den sakramentalen Zeichen von Brot und Wein verdichtet ist.

• Die „unauslöschliche Prägung" der Schöpfung

Die Selbstenteignung Gottes, von der im letzten Kapitel die Rede war, ist total. Gott geht endgültig ein in „das wirkliche Fleisch unserer Menschlichkeit und Gebrechlichkeit" (2 Gl 4, FQ 128). Wobei der biblische Begriff „Fleisch" sehr viel weitergeht als der Begriff „Mensch". Dem Autor des Prologs zum Johannesevangelium war der Begriff „Mensch" geläufig, und er hätte ihn gebraucht, wenn er wirklich nur den Menschen gemeint hätte. Johannes gebraucht aber das griechische Wort „sarx" – „Fleisch". Gemeint ist das Gegenteil von dem, was Gott von sich aus ist. Er geht ein in alles, was auf der Erde lebt (Pflanzen, Tiere, Menschen). Der ewige Gott geht ein in die Vergänglichkeit und in die irdischen Begrenzungen, der Allmächtige in die Ohnmacht, der Lebendige in den Tod. Das Ende Jesu wird so zum Anfang einer neuen Erde, sein Tod ist der Tod des Todes, die „Selbstenteignung" und die Totalidentifikation mit der Erde, seine Erdhaftung die einzige Hoffnung der Welt.

Franz von Assisi hat das sehr wohl begriffen. Wenn man seinen Sonnengesang genau liest, erkennt man das „unauslöschliche Zeichen", das Gott der ganzen Schöpfung einprägt. Bewusst wähle ich dieses Wort aus der katholischen Tauftheologie. Diese sagt, dass der Getaufte dermaßen ins Geheimnis Jesu eingetaucht ist, dass er für das ganze irdische Leben und darüber hinaus gezeichnet ist. Wenn man also die erste und die letzte Strophe des Sonnengesangs zusammenführt, erkennt man das sternförmige Christusmonogramm, das in den Text und darum auch in die ganze Schöpfung eingeprägt ist.

Das letzte Wort, „con grande umiltade" – „mit größtmöglicher Erdhaftung", entspricht dem ersten: Der Höchste lebt im Unscheinbarsten. Das zweite Wort, „allmächtig", wird in der letzten Zeile gedeutet durch „dienen". Anders als im Dienen will sich die Allmacht Gottes nicht zeigen. Er ist fähig zu allem, aber nur als machtlose, sich hingebende Liebe. „Gott hat seit Ewigkeit her auf alle Macht verzichtet. Er will nichts können wollen, er will nur geben können. Es gibt nichts anderes in ihm als Liebe."[21] Und „der gute Gott" spiegelt sich in der Haltung absoluter „Rückerstattung" des empfangenen Guten, in einer bleibenden Danksagung und Eucharistie. Denn nur Gott ist gut, alles verdankt sich ihm. Das sternförmige Christusmonogramm ist das Wasserzeichen, das im Hintergrund des Textes erkennbar wird. So wird die Schöpfung gehalten, getragen, hineingehalten in die Ewigkeit Gottes.

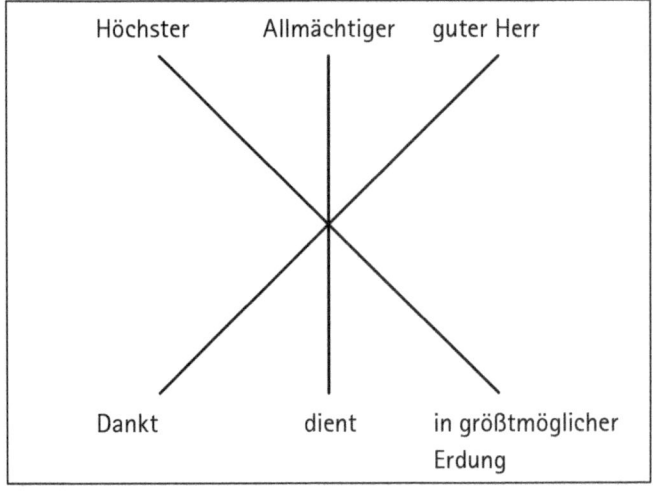

Das sternförmige Christusmonogramm /
Die Symmetrie des Sonnengesangs

Es ist bedeutsam, dass Franziskus auf zwei Ebenen spricht. Vordergründig fasst er die Geschöpfe als Familie Gottes zusammen, gemeinsam singen die Schwestern und Brüder das Lob Gottes. Oft erkennt man aber

den Hintergrund nicht und verharrt im Vordergründi-
gen. Doch ist ein konfus religiös-romantisches Verständnis der Natur eine Fehldeutung. Für Franziskus
dagegen ist die Einfleischung Gottes, seine Erdung, dermaßen wesentlich, dass sich Erde und Gott zu einer un-
auflöslichen „Ehe" finden.

Man kann sich dann aber fragen, ob Franziskus diese
Mystik bewusst verbirgt und nur für eingeweihte Gläubige vorbehält. Oder will er uns eine Art des Sprechens
über die Schöpfung nahelegen, welche pädagogisch ein-
fühlsam vorgeht: zuerst die universale Wertschätzung der
einzelnen Geschöpfe und eine Weltanschauung, welche
das All umfasst und in der alle Geschöpfe miteinander versöhnt und verschwistert sind; und dann die Tiefensicht,
das Tragende und Entscheidende, dass sich mit der Erdung
Gottes in der Person Jesu eine Wende der Geschichte voll-
zieht, dass das Endgültige in die Geschichte eintritt und
bleibend bestimmend ist?

Sonnengesang

Höchster allmächtiger guter Herr,
dir sei das Lied, die Herrlichkeit, die Ehre
und aller Segen.
Dir allein, Höchster, kommen sie zu,
kein Mensch ist würdig, dich zu nennen

Lob sei dir, mein Herr,
mit deiner ganzen Schöpfung,
vor allem mit dem Herrn Bruder Sonne.
Er bringt uns den Tag
und spendet uns Licht.

Schön ist er
und strahlend mit großem Glanz:
von dir, Höchster, ein Zeichen.

Lob sei dir, mein Herr, durch Schwester Mond
und die Sterne.
Am Himmel formtest du sie,
glänzend, kostbar und schön.
Lob sei dir, mein Herr, durch Bruder Wind,
durch Luft und Wolken,
durch heiteres und jedes Wetter.
Durch sie gibst du deiner Schöpfung Leben.

Lob sei dir, mein Herr, durch Schwester Wasser.
Sehr nützlich ist sie, demütig, kostbar und rein.

Lob sei dir, mein Herr, durch Bruder Feuer.
Durch ihn ist die Nacht erhellt.
Schön ist er, freundlich, kraftvoll und stark.

Lob sei dir, mein Herr, durch unsere Schwester Mutter
Erde.
Sie belebt und lenkt uns.
Sie erzeugt viele Früchte,
farbige Blumen und Gräser.

Lob sei dir, mein Herr, durch jene,
die um deiner Liebe willen vergeben
und Schwachheit und Not ertragen.
Selig, die ausharren in Frieden.
Du, Höchster, wirst sie krönen.

Lob sei dir, mein Herr,
durch unsere Schwester, den leiblichen Tod.
Kein lebendiger Mensch kann ihr entrinnen.
Weh denen, die in tödlicher Schuld sterben.
Selig, die sie findet in deinem heiligsten Willen.
Der zweite Tod tut ihnen nichts Böses.

Lobt und segnet meinen Herrn.
Dankt und dient ihm in größtmöglicher Erdung
(vgl. Sonn, FQ 40 f.).

In diesen Gesang der endgültig in Gott versöhnten
Schöpfung ist auch „alles Körperliche" und der „ganze
Leib" mit einbezogen: Alles steht lobend und dankend
vor Gott, dem Vater und „König des Himmels und der
Erde". Franziskus ist sich sehr wohl bewusst, dass wir
noch nicht im Himmel, ja noch weit davon entfernt sind.
Wir können immer noch Übles tun, wir erleben noch
das Verwesen des Leibes, und das auf sehr sinnlich wahr-
nehmbare Weise (vgl. NbR 22,7, FQ 87). Und natürlich tritt uns das Böse in vielfältiger Weise aus der Welt
entgegen. Aber Franziskus hört jetzt schon jeden Tag
die Einladung Gottes: „Kommt, ihr Gesegneten meines Vaters, nehmt das Reich in Besitz, das euch bereitet
ist vom Anbeginn der Welt" (NbR 23,4, FQ 90). Er
fühlt sich bleibend vom Sog des Endgültigen und Ewigen fortgerissen.

• Die „digitale" Veranschaulichung des Universums

Das sternförmige Christusmonogramm wird im bestimmenden Hintergrund der Schöpfung erkennbar. Franziskus bietet uns aber noch eine andere Deutung an. Er entwickelt immer mehr die Fähigkeit zur kontemplativen Tiefenschau, die zum Beispiel bei der Krippenfeier von Greccio (1223) maßgebend war. Da wollte er die „Humilitas" anschaulich erleben und feiern, „die bittere Not (necessitas), die Jesus schon als kleines Kind zu leiden hatte, wie es in eine Krippe gelegt, an der Ochs und Esel standen, und wie es auf Heu gebettet wurde, so greifbar als möglich mit leiblichen Augen schauen" (1 C 84, FQ 250). Mit anderen Worten: Franziskus will eine besondere Aufmerksamkeit haben für den Gott, der in das böse Schicksal und in die Enge und Not der Schöpfung eingegangen ist. Und im Zusammenhang der Eucharistie betont er, dass man mit bloßen Augen weder Jesus von einem anderen Menschen noch das eucharistische Brot von gewöhnlichem Brot unterscheiden könne. Mehr noch: Auch Gott könne man nicht direkt und unmittelbar erkennen. Es brauche dazu den Heiligen Geist, neue Augen, die glaubende Kontemplation (vgl. Erm 1, FQ 45 f.). Das gilt grundsätzlich für das Universum als Ganzes und für das Gottesgeheimnis, das unserem Denken in der gelebten Solidarität Jesu aufgegeben ist.

Brot und Wein der Eucharistie sind darum „die neuen Zeichen des Himmels und der Erde". In ihnen wird sichtbar, was das Wesen der neuen Schöpfung insgesamt ist: Christus als Mitte und Zukunft der Welt. Etwas abgehoben könnte man modern sagen: Brot und Wein, und wenn man andere Sakramente und Sakramentalien mit einbezieht, Wasser und Öle, Hände und Arme, Füße und Beine, der ganze Leib, Kerzen, Blumen, Früchte, alles Leibliche und Sinnliche können „digitale" Wirklichkeiten werden, Realitäten, die über sich hinausweisen, Fingerzeig des Unendlichen und Endgültigen. Alles kann auf das Podest gehoben werden und eine neue Bedeutung bekommen: „da te porta significatione" – „von dir trägt sie Bedeutung" gilt nicht nur für die Sonne, sondern für jedes Geschöpf (vgl. Sonn 4, FQ 41). Diese ökologische und symbolische Dimension wurde in der katholischen Kirche seit jeher praktiziert, wenn auch nicht in ihrer ganzen Tiefe erkannt, schon gar nicht in ihrer Bedeutung für unsere Tage. Da tun sich ungeahnte und kreative Möglichkeiten einer Spiritualität der Schöpfung auf, welche in die Zukunft weist. Ein Blatt, das vom Baum fällt, ein morscher Ast, ein schwerer Stein, ein Pferdeapfel, ein Olivenzweig – alles kann Beachtung finden, gottesdienstlich gefeiert werden und so eine neue, bleibende Bedeutung erlangen. Vor Kurzem hat mir eine reformierte Theologin gesagt: „Was mir bei euch Katholiken gefällt, das ist das Konzept der ‚Wandlung'." Aber haben wir diese wunderbare Idee nicht allzu eingeengt verstanden? Pierre Teilhard de Chardin (1881–1955) hat in seinen Schriften, besonders in der „Messe über die Welt" gezeigt, welche universale und kosmische Ausdehnung das Konzept der Wandlung haben könnte.

Franz von Assisi hat verstanden, dass die Eucharistie diese „digitale" Funktion hat. Deswegen engagiert er sich und seine Brüder für eine „eucharistische Weltmission". In seinen verschiedenen Briefen (vgl. 1 und 2 Kust, FQ 111 f. und 113; Kler, FQ 121 f.; 2 Gl, FQ 127–135; Ord, FQ 114–120; Lenk, FQ 136 f.) beauftragt er die Adressaten, alles zu tun, damit den Symbolen Jesu Christi und den Worten – sogar den „heidnischen" – in den Kirchen mit dem größten Respekt begegnet wird. Die Eucharistie wird zum Ausgangspunkt einer neuen Weltbetrachtung. Dabei wendet er sich nicht nur an Verantwortliche in Orden und Kirche, sondern auch an die „Lenker der Völker". Ich habe diesen Brief für heute aktualisiert übersetzt:

„Allen, die in der weiten Welt die Macht haben, den Königen und Präsidenten der Völker, den Kanzlern und Ministern, den Parlamentariern und Experten, den Direktoren und Verwaltungsräten. Und allen, die diesen Brief lesen, wünscht Bruder Franziskus, euer kleiner und ungeachteter Diener, Frieden und Heil.

Etwas müsst ihr auch in eure politische Perspektive einbeziehen: die Gewissheit, dass der Tod auf uns alle zukommt. Darum bitte ich euch mit aller Ehrfurcht, zu der ich fähig bin: Vergesst Gott nicht, wenn ihr politisch handelt. Lasst euch von den Geboten Gottes leiten, wenn ihr die Welt gestaltet.

Denn alle, die Gott in Vergessenheit sinken lassen und seine Gebote missachten, werden von Gott vergessen werden. Und im Augenblick des Todes fällt alles ins Nichts zurück, was jemand sicher in den Händen zu haben glaubt. Und je mehr Wissen und Macht jemand anhäuft und gegen andere einsetzt, umso mehr wird er zu leiden haben in der Hölle.

Aus diesem Grund, meine Herren, gebe ich den Rat: Das wichtigste Prinzip des politischen Handelns wird greifbar im Symbol von Brot und Wein, in der Erinnerung an den heiligen Leib und an das heilige Blut Jesu, im Empfangen der Liebe, die sich hingibt, in der Krippe, in der Gott sich auf die Seite der Armen und Schwachen schlägt, im Verhalten, das auf Macht und Herrschaft verzichtet.

Dies sollt ihr in der Öffentlichkeit zur Geltung bringen durch Zeichen, die man sieht und hört, durch Gesetze und Normen, durch Strukturen und Institutionen, durch Beamte und Organe.

Eure Absicht soll sein: die öffentliche Anerkennung zu fördern für Gottes Liebe und Hingabe an die Menschen. Ihm sei Lob und Dank nicht nur durch den Einzelnen, sondern durch das ganze Volk. Denn nur im Blick auf ihn können wir wahrhaft menschlich leben. Wenn ihr das nicht tut, werdet ihr Rechenschaft ablegen müssen vor dem Gericht Gottes.

Wer diesen Brief aufbewahrt und befolgt, darf wissen, von Gott gesegnet zu sein."[22]

Diese mystisch-digitale Veranschaulichung des Innewohnens Gottes in seiner Schöpfung findet bei der franziskanischen Mystikerin Angela von Foligno (1248–1309) einen einmaligen Höhepunkt. Sie erlebt die Unmöglichkeit, „dem Wort [Gottes] zu entkommen", indem ihr Blick über die Rebberge schweift, um sich Gott zu entziehen. „Aber wohin ich auch schaute, er [Gott] sagte mir: ‚Das alles ist doch meine Schöpfung'." Sie selbst erfährt sich in allen Gliedern als „plena Deo" – „voll von Gott". „Ich sah die göttliche Fülle, in der ich die ganze Welt begriff …" Sie sieht das hochgehobene Hostienrund nach der „Wandlung" und schaut in ihm das Erdenrund. Das Universum „schrumpft", besser verdichtet sich zum eucharistischen Brot, und umgekehrt entgrenzt und weitet sich die Hostie zum gotterfüllten Weltall. „Da schrie meine Seele in übergroßem Staunen: Diese Welt geht mit Gott schwanger."[23]

• Der Tanz der Schöpfung

Kehren wir zu Franziskus selbst zurück, der zum Thema Eucharistie einen sehr langen Brief an den Orden geschrieben hat. Eucharistie ist die Feier dessen, „in dem alles im Himmel und auf der Erde befriedet und mit dem allmächtigen Gott versöhnt ist" (Ord 13, FQ 115). Das will er seiner Bruderschaft, „tief zur Erde gebeugt" (Ord 4, FQ 114), vermitteln. Die Eucharistie ist allerdings noch nicht die große Mahl- und Kommunionfeier mit dem Auferstandenen, für die wir sie heute halten. Sie ist vielmehr vorwiegend die Feier des Geheimnisses Gottes, der sich in Jesus an die Erde gebunden hat und sich immer wieder vergegenwärtigt und bleibend zur Anschauung bringt. Franziskus fordert vor allem von den Priestern eine reine Gesinnung und die größtmögliche Ehrfurcht für die Feier der Messe, nicht zuletzt auch soll der Priester seine eigene Würde erkennen, die von Jesus ausgeht. Nichts anderes soll der Priester kennen als den konzentrierenden Blick auf die geerdete Gegenwart Gottes in Jesus von Nazaret. Da ist Versammlung angesagt, nicht viele Messen, sondern bloß eine an einem Ort, nicht Verzettelung, sondern Sammlung, nicht Privatfrömmigkeit, sondern eine große Bewegung zur einen gemeinsamen Mitte, dem „amor caritatis" – „der Liebe zum einen weltumspannenden Liebesbund" (vgl. Ord 31, FQ 117), zur „societas beata" – „der beseligenden (neuen) Gesellschaft auf Erden" (vgl. Vat 4, FQ 31). Die einende Liebe Christi soll nicht verdunkelt werden durch konkurrierende Veranstaltungen. Dieser Glaube soll, meint Franziskus, auch den tragen, der nicht aktuell an der Feier der Gegenwart Gottes teilnehmen kann. Auch die Abwesenden, die Brüder, die durch die Welt ziehen, dürfen wissen, Anteil zu haben an

dieser sammelnden Liebe Christi. „Als der Eine wirkt er al-
lerorten, wie es ihm gefällt" (Ord 33, FQ 117).

Alle Orte dieser Erde sind also erfüllt von der alles
durchdringenden Gegenwart Gottes, der sich unauflöslich
mit der Erde verbunden hat. Auf einmalige Weise und
hymnisch bringt Franziskus diesen Gedanken im nachstehenden Text zum Ausdruck:

„Der ganze Mensch zittere,
  die ganze Welt wanke,
  der Himmel springe hoch,
  wenn auf dem Altar (in den Händen des Priesters)
  Christus gegenwärtig ist,
  der Sohn des lebendigen Gottes.

O bewundernswerte Höhe – o erstaunliche Herablassung,
o Erdung, erhabene – o Erhabenheit, geerdete.
Der Herr des Alls, Gott und Gottes Sohn, erdet sich.
Für unser Heil verbirgt
er sich
in der winzigen Gestalt des Brotes.
Seht, Brüder,
die Erdung Gottes.
Schüttet vor ihm euer Herz aus.
Beugt auch ihr euch zur Erde,
damit ihr von ihm erhöht werdet.
Nichts von euch
behaltet zurück,
damit euch ganz aufnehme,
der sich euch ganz ausgeliefert"

(eigene Übersetzung, vgl. Ord 26–29, FQ 116 f.).

Wenn man den lateinischen Text liest, dann erkennt man, wie Franziskus mit den Worten spielt: Er misst sozusagen das ganze Weltall aus, er springt tanzend in die Höhe und dann in die Tiefe und wieder zurück in alle Höhen und wieder in die Abgründe. Man könnte von einem kosmischen Tanz sprechen. Nachstehend nochmals dieser Text, aber als Grafik, bei der dieses wiederholte Gipfelerstürmen und Tiefentauchen verdeutlicht ist. Alle Geschöpfe müssen innerlich erbeben, die ganze Welt muss wanken, wenn sich an konkreten Orten die Erdung Gottes vergegenwärtigt. Denn Gottes Gegenwart gilt dem Universum, nicht nur den Menschen, sondern auch den Tieren, Pflanzen, der ganzen Materie (Grafik S. 81).

• Eucharistie der Tiere

Dass die ganze Schöpfung in die Eucharistiefeier einbezogen ist und von da aus das ganze Universum in einem neuen Licht erscheint, zeigt sich schon daran, dass materielle Dinge wie Wasser, Wein und Brot und die ganze Vegetation (Blumenschmuck, Früchte …) wie selbstverständlich in den Gottesdienst Eingang finden. Dass alles, was ist, eine neue Bedeutung bekommen kann, habe ich bereits gesagt.

Aber wie steht es mit den Tieren? Zwar dienen sie als Symbole für die Evangelisten (Stier, Löwe, Adler), für den Heiligen Geist (Taube), für Jesus (Lamm) oder als Begleitsymbole für Hieronymus (Löwe), Antonius von Ägypten (Schwein), Wendelin (Schafe), Martin (Gänse), Franziskus (Vögel), Antonius von Padua (Fische) …, die Beispiele könnten unendlich weitergeführt werden. Die Legenden

Der Tanz der Schöpfung

1 O bewundernswerte Höhe
2 O erstaunliche Herablassung
3 O Erdung
4 erhabene
5 o Erhabenheit
6 geerdete
7 Dass der Herr des Alls Gott und Gottes Sohn
8 sich so erdet Und sich in einem bescheidenen Stück Brot verbirgt
9 Seht die Erdung Gottes Schüttet Ihm euer Herz aus erdet auch ihr euch
10 damit ihr erhöht werdet von IHM
11 Nichts von euch behaltet zurück
12 damit als ganze Er euch aufnimmt
13 der sich euch ganz gibt

dazu sind vom großen Augsburger Theologen Joseph Bernhart (1904–1969) gesammelt und gedeutet worden. Nach ihm gehören diese Geschichten notwendig zur christlichen Vorstellung vom Paradies bzw. zur Lehre von den letzten Dingen. Das versöhnte Verhältnis zu Gott spiegelt sich im versöhnten Umgang des Menschen mit den (wilden) Tieren. Das kommt ja auch in dem einen Satz des Markusevangeliums zum Ausdruck: Jesus „war [40 Tage lang in der Wüste] bei den wilden Tieren, und die Engel dienten ihm" (vgl. Mk 1,13). In ihm zeigt sich das eben Gesagte: der ganz und gar Gott nahe Mensch, Jesus, der versöhnt mit allen Geschöpfen, mit wilden Tieren ebenso wie mit Engeln, lebt. Da realisiert sich eben der verheißene paradiesische, letztgültige Friede in Gott (vgl. Jes 11,6; 65,25). Das alles wird in den Kirchen gepredigt und auch symbolisch in Gemälden und Statuen repräsentiert.

Umso erstaunlicher und befremdender ist, dass es die Kirchen bis heute nicht geschafft haben, dem Tier einen Platz in Theologie, Spiritualität und Liturgie zu geben. Da gehört Franz von Assisi zu den wenigen Ausnahmen. Er lebte eine versöhnte, nicht besitzergreifende, schonende, brüderliche Beziehung zu ihnen.[24] Das „Fest der Feste", Weihnachten, zu dem die Eucharistie ja die tägliche Parallele ist (vgl. Erm 1, FQ 46), ist sogar Ausgangspunkt für eine politische Tierschutzaktion, wie Augenzeugen berichten: „Wir aber, die wir mit dem seligen Franziskus zusammen gewesen sind und die wir dies von ihm aufgeschrieben haben, bezeugen, dass wir ihn oftmals sagen hörten: ‚Wenn ich einmal mit dem Kaiser sprechen kann, werde ich ihn bitten, um Gottes Liebe willen und kraft meiner Bitte eine schriftliche Verordnung zu erlassen, dass niemand die Schwestern Lerchen fangen oder ihnen irgendetwas Böses tun dürfe. Ebenso, dass alle Bürgermeister der Städte sowie Burg- und Gutsherren verpflichtet seien, jedes Jahr am Fest der Geburt des Herrn die Leute zu bewegen, Weizen und anderes Korn auf die Wege außerhalb der Städte und Burgen zu streuen, damit vor allem die Schwestern Lerchen und andere Vögel an einem so hohen Festtag zu fressen haben. Und zum Zeichen der Ehrfurcht vor dem Sohn Gottes, den seine Mutter, die selige Jungfrau, in einer solchen Nacht in eine Krippe zwischen Ochs und Esel legte, solle in ebendieser Nacht jedermann den Brüdern Ochsen und Eseln genug Futter geben; und ebenso sollen am Fest der Geburt des Herrn alle Armen von den Reichen gesättigt werden" (Per 14, FQ 1103).

Es gibt auch viele Geschichten, in denen zwischen Franziskus und Tieren von einer Art symbiotischer Gebetsgemeinschaft berichtet wird: ein Falke, eine Nachtigall (siehe oben S. 39), ein Lamm, die Lerchen und andere Vögel (LM 8,9, FQ 739) beten mit ihm. Es gibt sogar Geschichten, in denen Schafe in die Kirche gehen, um am Gebet der Brüder und an der Eucharistiefeier teilzunehmen. Selbst wenn diese Geschichten nicht historisch sein sollten und sozusagen als Fabeln zur Belehrung der Brüder aufzufassen wären, behalten sie ihre theologische Bedeutung. Wir dürfen ihnen den Zutritt zur Kirche nicht verwehren. Auch sie haben ihre Bedeutung in der durch Jesus begonnenen neuen Schöpfung. „Einmal schenkte jemand dem Gottesmann bei Santa Maria von Portiunkula ein Schaf, das er gerne annahm … In seiner Güte ermahnte er das Schäflein, Gott zu loben und den Brüdern nicht lästig zu fallen. Das Schaf befolgte nun getreu die Belehrung – Hörte es nämlich die Brüder im Chore singen, dann lief es selbst in die Kirche, ging in die Knie, ohne dass ihm das jemand beigebracht hätte, und blökte vor dem Altar der Jungfrau, der Mutter des Gotteslammes, als wollte es sie freudig grüßen. Erhob bei der Feier der heiligen Messe der Priester den heiligsten Leib Christi, so verharrte das Tier auf den Knien, als wollte es durch seine Ehrfurcht die Unandächtigen wegen ihrer mangelnden Ehrfurcht tadeln und die Gläubigen Christi zur Ehrfurcht gegenüber dem Sakrament auffordern" (LM 8,7, vgl. 737 f.).

• Tiere segnen?

Tiere gehören zur Schöpfung, auch zur Neuschöpfung durch Christus, zur Vergegenwärtigung des erdverbundenen und leibhaft Auferstandenen, der alles konzentriert und zur Einheit sammelt. Warum sie also nicht auch segnen?

Von protestantischer Seite wird gesagt, dass Segnen und Gesegnetwerden ein personales Glaubensgeschehen sei. Da Tiere nicht „Amen" sagen und nicht glauben könnten, wäre ein Tiersegen ein bloß magisches Ritual, mehr Zauber als Ausdruck des Glaubens. Mit Verlaub: Da herrscht ein rationalistisches Verständnis von Person vor; man vergisst, dass es, wie ich gezeigt habe, eine vormenschliche Subjektivität gibt, die eine Teilnahme an gottesdienstlichen Vollzügen durchaus erlaubt. Sowohl Bibel wie Franziskus halten die Tiere für kultfähig. Zudem reduziert eine solche Auffassung den Segen auf eine individualisierte Beziehung und vergisst, dass Segnen ein umfassendes Kommunikationsgeschehen ist: Da gibt es Menschen, welchen das Schicksal der Tiere am Herzen liegt. Das auch im täglichen Umgang erkennbare kommunikative Hin und Her zwischen Mensch und Tier kann darum auch im Segnen der Tiere durch eine Glaubensgemeinschaft konkret werden.

Andere sagen: Die Tiere sind lange vor dem Menschen von Gott gesegnet worden (vgl. Gen 1,22) und bleiben es auch nach dem Sündenfall. Sie haben das Paradies nie verlassen und bleiben gottunmittelbar. Eine solche Auffassung kann sich auch auf Franziskus berufen, denn nach ihm dienen und erkennen die Geschöpfe, also auch die Tiere, Gott besser und sind ihm gegenüber gehorsamer als der Mensch (vgl. 2. Kapitel dieses Buches). Aber muss man daraus schließen, dass sie deswegen den Segen nicht mehr brauchen? Denn das unermessliche Leiden der Tiere zeigt, wie sehr sie einbezogen sind in den „Sündenfall" des Menschen, in seine Grausamkeit und Rücksichtslosigkeit, in Willkür und Gier. Die Argumente für eine Segnung der Tiere ergeben sich ja, wie eben schon gesagt wurde, aus der Kommunikations- und Schicksalsgemeinschaft von Tier und Mensch.

Dies gesagt, ist es zudem notwendig, etwas zum Wort „segnen" zu sagen. Dieses Wort hat bereits in der etymologischen Herleitung eine zutiefst christliche Prägung. Es kommt vom lateinischen „signare" – „bezeichnen", „mit einem Zeichen versehen". Schon bald verstand man darunter das Kreuzzeichen. Insofern würde das Segnen von Tieren bedeuten, es unter einem christlichen Blickwinkel zu würdigen, ähnlich wie Franz von Assisi mit dem sternförmigen Christusmonogramm die Schöpfung insgesamt als Neuschöpfung durch Christus definiert.

Warum aber steht denn in deutschen Übersetzungen dieses Wort schon im Alten Testament? Die griechische

Bibel spricht von „eulogein" – „gutreden", „Gutes sagen", „loben", und die hebräische von „berach", was wortwörtlich die gleiche Bedeutung wie „eulogein" hat. Der jüdische Theologe Haïm Ouizemann definiert die „berakha" in einem französischen Blog wie folgt: „Der vom Menschen gesprochene Lobpreis bezeugt seine ernsthafte und tiefe Dankbarkeit gegenüber seinem Schöpfer, der die höchste und ausschließliche Quelle des Glücks ist. Er lässt ihm anhaltend die Güter dieser Welt verschwenderisch zukommen. Der Mensch fügt also dem unveränderlichen Wesen Gottes nichts hinzu, im Gegenteil: er unterzieht sich einer Wandlung seines eigenen Wesens, indem er sich seinem Schöpfer unterwirft und vor ihm die Knie beugt. Der unendlichen Größe Gottes bewusst und sich ihm anheimgebend, öffnet sich der Mensch für das Geschenk der Überfülle des Ewigen und wird ihr Gefäß."[25]

Aus dem hebräischen Wort, das mit „segnen" etwas unbedarft und gedankenlos übersetzt ist, wird erkennbar, dass der biblische Hintergrund für den Einbezug des Tieres in gottesdienstliche Vollzüge ein ganz anderer ist. Es geht einerseits um die dankbare und preisende Benennung der Schöpfungstaten Gottes und anderseits um einen Wandlungsprozess, dem sich der „Segnende" unterzieht. Der Gläubige soll immer mehr „Gefäß" werden für die Überfülle Gottes. Dass dabei auch die Tiere benannt werden müssen, dürfte sich von selbst verstehen. Ihr bewusstes Ausschließen zeugt nur davon, dass man Gottes Überfülle und die Mitgeschöpflichkeit noch zu wenig begriffen hat.

Im Verlauf der alttestamentlichen Schriften enthielt die Berakha jeweils drei Elemente: Lobpreis, Dankbarkeit und Bitte. Auf diese Weise wurde sie zur sprachlichen Ausdeutung von Vollzügen und Ritualien. Es entstand sowohl in der jüdischen als auch christlichen Tradition eine Sammlung von „Benediktionen". So enthält das katholische „Benediktionale" unendlich viele „Segnungen" für sozusagen alles, was uns in der Schöpfungsordnung begegnet. Selbst das eucharistische Hochgebet ist eine Ausgestaltung dieser jüdischen Gebetsform. Gerade dieses ist ein hervorragendes Beispiel für die deutende Kraft liturgischer Sprache.

In diesem Sinne deutet die Berakha die vorfindliche Schöpfungsordnung und hat keine Hemmungen, auch Tiere mit in diese Versprachlichung des Schöpfungsgedankens einzubeziehen, wie z. B. der Psalm 148 zeigt. Der Sonnengesang des Franziskus mit dem wiederholten „Gepriesen sei" kann darum auch als eine ausführliche Berakha gedeutet werden. Ein Blick auf die Tiergeschichten und -predigten zeigt, dass diese ebenfalls als Entfaltungen des jüdischen Lobpreises verstanden werden können.

„Ein Edelmann aus dem Gebiet von Siena schickte dem seligen Franziskus, als er krank war, einen Fasan. Dieser nahm ihn voll Freude an, nicht weil er ihn gerne essen wollte, sondern weil er sich um der Liebe des Schöpfers willen freute, wie immer in ähnlichen Fällen. Zum Fasan sprach er: ‚Gelobt sei unser Schöpfer, Bruder Fasan!'" (2 C 170, FQ 392).

Dem Gläubigen steht es gut an, die Tiere in seinen Lobgesang mit einzubeziehen. Nur so nimmt er seine Kreatürlichkeit ernst und lässt sich zum „Gefäß" der Überfülle Gottes wandeln.

Wie aber ist der vormenschliche paradiesische „Segen" (vgl. Gen 1,22) zu deuten, auf den sich die Gegner von Tiersegnungen durch den Menschen beziehen können? Das ist ja noch einmal etwas ganz anderes als der anerkennende und deutende Vollzug der Geschöpflichkeit vor Gott. Hier ist vielmehr von einem Handeln bzw. Sprechakt Gottes die Rede. Wenn man die Wortbedeutung von „Segnen" noch einmal aufgreift, so könnte man von einer Auszeichnung der Tiere durch Gott sprechen. Sie gilt unabhängig von der ratifizierenden Würdigung des Menschen. Das Tier wird mit einem besonderen „Segen" auf den Weg geschickt. Das ist vom Menschen zu achten. Das Tier gewinnt seinen Sinn vor Gott nicht durch seine Beziehung zum Menschen, sondern durch seine unmittelbare Gottesbeziehung. Das hindert aber in keiner Weise, dass man es in das große Dank- und Bittgebet einbezieht, das wir individuell oder als kirchliche Gemeinschaft vollziehen können.

Dies gilt nun auch in einem letztgültigen, eschatologischen Sinn. Gott ist Leben, die Geschöpfe können ihm nicht in das Nichts oder in den Tod entgleiten. Er ist Schöpfer – und das heißt, dass er wie den Menschen auch die Tiere, ja auch die Pflanzen und Steine in seine endgültige Schöpfung ruft: „Ich bin nämlich überzeugt, dass die Leiden der gegenwärtigen Zeit nichts bedeuten im Vergleich zur Herrlichkeit, die an uns offenbar werden soll. Denn in sehnsüchtigem Verlangen wartet die Schöpfung auf das Offenbarwerden der Söhne und Töchter Gottes. Wurde die Schöpfung doch der Nichtigkeit unterworfen, nicht weil sie es wollte, sondern weil er, der sie unterworfen hat, es wollte – nicht ohne die Hoffnung aber, dass auch die Schöpfung von der Knechtschaft der Vergänglichkeit befreit werde zur herrlichen Freiheit der Kinder Gottes. Denn wir wissen, dass die ganze Schöpfung seufzt und in Wehen liegt, bis zum heutigen Tag" (Röm 8,18–22).

Ganz in diesem Sinne sind die wunderbaren Schlussabschnitte der päpstlichen Umweltenzyklika geschrieben:

„Am Ende werden wir der unendlichen Schönheit Gottes von Angesicht zu Angesicht begegnen (vgl. 1 Kor 13,12) und können mit seliger Bewunderung das Geheimnis des Universums verstehen, das mit uns an der Fülle ohne Ende teilhaben wird. Ja, wir sind unterwegs zum Sabbat der Ewigkeit, zum neuen Jerusalem, zum gemeinsamen Haus des Himmels. Jesus sagt uns: ‚Ich mache alles neu‘ (Offb 21,5). Das ewige Leben wird ein miteinander erlebtes Staunen sein, wo jedes Geschöpf in leuchtender Verklärung seinen Platz einnehmen und etwas haben wird, um es den endgültig befreiten Armen zu bringen.

Inzwischen vereinigen wir uns, um uns dieses Hauses anzunehmen, das uns anvertraut wurde, da wir wissen, dass all das Gute, das es darin gibt, einst in das himmlische Fest aufgenommen wird. Gemeinsam mit allen Geschöpfen gehen wir unseren Weg in dieser Welt – auf der Suche nach Gott, denn wenn die Welt einen Ursprung hat und erschaffen worden ist, dann suche nach dem, der sie erschaffen hat, suche nach dem, der ihr den Anfang gegeben hat, nach dem, der ihr Schöpfer ist! Gehen wir singend voran! Mögen unsere Kämpfe und unsere Sorgen um diesen Planeten uns nicht die Freude und die Hoffnung nehmen.

Gott, der uns zur großzügigen und völligen Hingabe zusammenruft, schenkt uns die Kräfte und das Licht, die wir benötigen, um voranzugehen. Im Herzen dieser Welt ist der Herr des Lebens, der uns so sehr liebt, weiter gegenwärtig. Er verlässt uns nicht, er lässt uns nicht allein, denn er hat sich endgültig mit unserer Erde verbunden, und seine Liebe führt uns immer dazu, neue Wege zu finden. Er sei gelobt" (*243–245).

Anmerkungen

1 Papst Franziskus, Laudato si. Die Umweltenzyklika des Papstes, Freiburg i. Br./Basel/Wien 2015.

2 Bartholomäus von Pisa, De conformitate vitae beati Francisci ad vitam Domini Iesu, Band 2 (= Analecta Francescana 5), Quaracchi 1912, 141.

3 Papst Franziskus, Begegnung mit den Mitgliedern der UN-Generalversammlung. Ansprache des Heiligen Vaters, in: http://w2.vati can.va/content/francesco/de/speeches/2015/september/documents/ papa-francesco_20150925_onu-visita.html.

4 Seggelke, Yudo J., Interreligiöser Dialog: Franziskus und der Wirsingkohl, ein Koan?, in: http://yudoblog-f.blogspot.ch/2014/07/ franziskus-und-der-wirsingkohl-ein-koan.html.

5 Stamm, Hugo, Der Mythos von der heilen Natur, in: http://blog. tagesanzeiger.ch/hugostamm/index.php/33784/der-mythos-von- der-heilen-natur.

6 Weber, Andreas, Alles fühlt. Mensch, Natur und die Revolution der Lebenswissenschaften, Berlin 2007[3], 61 f.

7 Gerhardt, Volker, Der Sinn des Sinns. Versuch über das Göttliche, München 2014, 256.

8 Rotzetter, Anton, Gott, der mir Leben schafft, Meditationen, © Verlag Herder GmbH, Freiburg i. Br. Freiburg i. Br. 1994, 35.

9 Reinig, Christa, Sämtliche Gedichte, © 1983 by Eremiten-Presse, Düsseldorf.

10 Bonaventura, Der Pilgerweg des Menschen zu Gott (Übersetzung und Erläuterung von Marianne Schlosser, Einleitung von Paul Zahner, Übersichtstabellen von Florian Kolbinger), St. Ottilien 2010[2], 15.

11 Chalippe, Candide, Vie de Saint François d'Assise, Paris 1728, zit. bei: Bastaire, Hélène et Jean, Lettre à François d'Assise sur la fraternité cosmique, Parole et Silence 2001, 18 f.

12 Nicht mehr belegbare Lesefrucht aus dem immensen Werk von Maurice Zundel.

13 Rotzetter, Anton, Die Freigelassenen. Franz von Assisi und die Tiere, Freiburg in der Schweiz 2011, 105 f.

14 Jägersberg, Otto, Keine zehn Pferde: Gedichte, © 2015 Diogenes Verlag AG, Zürich 2015, 33.

15 Spaemann, Heinrich, Was macht die Kirche mit der Macht? Denkanstöße, Freiburg 1993, 41 f.

16 Wolf, Jean-Claude, Humanismus oder warum wir keine Tiere sind, in: TIERethik. Zeitschrift zur Mensch-Tier-Beziehung 7 (2015) H. 10, 33.

17 Papst Franziskus, Ansprache vor der UNO: http://w2.vatican.va/content/francesco/de/speeches/2015/september/documents/papa-francesco_20150925_onu-visita.html.

18 Vattimo, Gianni, Glauben – Philosophieren, Stuttgart 1997, 46–48.

19 Johannes von Damaskus, Drei Verteidigungsschriften gegen diejenigen, welche die heiligen Bilder verwerfen (Hg. und Einleitung von Gerhard Feige, Übersetzung von Wolfgang Hradsky), Leipzig 1996², 39 f.

20 Walter, Silja, Gesamtausgabe. Band 10, © Paulusverlag Freiburg/Schweiz 2005, 525.

21 Zundel, Maurice, La pauvreté de Dieu (1963): http://www.mauricezundel.ca/2015/02/la-pauvrete-de-dieu/.

22 Rotzetter, Anton, Franziskus feiert Weihnachten. Die Krippenfeier von Greccio und was sie uns bedeuten kann, Eschbach 1989, 46.

23 Vgl. Rotzetter, Anton, Die Welt erglänzt in Gottes Farben. Visionen von der Ganzheit der Schöpfung, Freiburg in der Schweiz 2000, 59–81.

24 Wie ich in meinem Buch „Die Freigelassenen" zeigen konnte.

25 http://www.morim.com/biblique020414.pdf.

Zum Weiterlesen

- Bernhart, Joseph, Die unbeweinte Kreatur, Weissenhorn 1987[2]
- Bernhart, Joseph, Heilige und Tiere, Weissenhorn 1997[2]
- Boff, Leonardo, Zukunft für Mutter Erde – Warum wir als Krone der Schöpfung abdanken müssen, München 2012. Vgl. dazu Rotzetter, Anton, Rezension, in: Concilium 49 (2013) 126–130
- Brenner, Andreas, UmweltEthik. Ein Lehr- und Lesebuch, Fribourg 2008
- Dyckhoff, Peter, Mit Leib und Seele beten. Die neun Gebetsweisen des Dominikus, Freiburg 2003
- Hagencord, Rainer / Rotzetter, Anton, Neue Wahrnehmung des Tieres in Theologie und Spiritualität, Berlin 2014 (Jahrbuch Theologische Zoologie Band 1)
- Kaeser, Eduard, Artfremde Subjekte. Subjektives Erleben bei Tieren, Pflanzen und Maschinen?, Basel 2015
- Krause, Bernie, Das große Orchester der Tiere: vom Ursprung der Musik in der Natur, Darmstadt 2013
- Rotzetter, Anton, Die Freigelassenen. Franz von Assisi und die Tiere, Freiburg in der Schweiz 2011
- Rotzetter, Anton, Streicheln, Mästen, Töten. Warum wir mit den Tieren anders umgehen müssen, Freiburg 2012
- Rotzetter, Anton, Gott, der mich atmen lässt. Gebete des Lebens, Freiburg 2012
- Rotzetter, Anton, Franziskus – ein Name als Programm, Kevelaer 2013

- Rotzetter, Anton, Zukunft, die Hoffnung verheißt, Würzburg 2014
- Rotzetter, Anton / Forster, Annette / Opitz, Eva, Rette uns wer kann. Fasten für Klimagerechtigkeit, Freiburg in der Schweiz 2015
- Rotzetter, Anton, Laudato si – Kritische Lektüre der gleichnamigen Enzyklika des Papstes Franziskus, in: SKZ, geplant für November 2015
- Rotzetter, Anton, Das Martyrium der Schöpfung und die Anästhesie der Menschen, in: www.feinschwarz.net (Februar 2016)
- Schlette, Heinz-Robert, Weltseele. Geschichte und Hermeneutik, Frankfurt 1993
- Schroer, Silvia, Die Tiere in der Bibel. Eine kulturgeschichtliche Reise, Freiburg i. Br. 2010
- Sentience Politics, Nachhaltige Ernährung 2020, in: http://sentience.ch/wissen/nachhaltige-ernahrung-2020/
- TIERethik. Zeitschrift zur Mensch-Tier-Beziehung 7 (2015) Heft 10, Münster 2015. Mit Beiträgen von Franz M. Wuketits, Jean-Claude Wolf, Markus Wild, Andreas Brenner u. a.
- Wild, Markus, Tierphilosophie zur Einführung, Hamburg 2008

Abkürzungsverzeichnis

Die Franziskus-Quellen (FQ) sind zitiert nach:
Berg, Dieter / Lehmann, Leonhard (Hg.), Franziskus-Quellen. Die Schriften des heiligen Franziskus, Lebensbeschreibungen, Chroniken und Zeugnisse über ihn und seinen Orden, Kevelaer 2009.

Dabei gelten folgende Abkürzungen:

1 C	=	Thomas von Celano, 1. Lebensbeschreibung (*Vita*) des hl. Franziskus
2 C	=	Thomas von Celano, 2. *Vita* oder *Memoriale*
3 C	=	Thomas von Celano, Das Mirakelbuch
4 C	=	Thomas von Celano, Chorlegende zum Leben des hl. Franziskus
2 Gl	=	2. Brief an die Gläubigen
1 Kust	=	1. Brief an die Kustoden
2 Kust	=	2. Brief an die Kustoden
Auff	=	Aufforderung zum Lob Gottes
BR	=	Bullierte Regel
Eccl	=	Thomas von Eccleston, Chronik
Erm	=	Ermahnungen des hl. Franziskus
Fior	=	Fioretti / Blümlein des hl. Franziskus
Gef	=	Dreigefährtenlegende
GrTug	=	Gruß an die Tugenden
Jord	=	Jordan von Giano, Chroniken
Jul	=	Julian von Speyer, Franziskus-Leben
JulOff	=	Julian von Speyer, Franziskus-Offizium
Kler	=	Brief an die Kleriker

Lenk	=	Brief an die Lenker der Völker
LM	=	Bonaventura, Legenda Maior
NbR	=	Nicht-bullierte Regel
Off	=	Offizium vom Leiden des Herrn
Ord	=	Brief an alle Brüder oder den gesamten Orden
Per	=	Sammlung von Perugia
SC	=	Der hl. Bund des sel. Franziskus mit der Herrin Armut (Sacrum Commercium)
Sonn	=	Sonnengesang
SP	=	Der große Spiegel der Vollkommenheit
Test	=	Das große Testament des hl. Franziskus
Vat	=	Meditation zum Vaterunser

Die Klara-Quellen (KQ) sind zitiert nach:
Schneider, Johannes / Zahner, Paul (Hrsg.), Klara-Quellen. Die Schriften der heiligen Klara, Zeugnisse zu ihrem Leben und ihrer Wirkungsgeschichte, Kevelaer 2012.

Dabei gelten folgende Abkürzungen:

3 Agn	=	3. Brief Klaras an Agnes von Prag
KlReg	=	Regel der hl. Klara

Die Bibeltexte sind entnommen der Einheitsübersetzung der Heiligen Schrift © Katholische Bibelanstalt, Stuttgart 1980.

In der Reihe „Franziskanische Akzente" sind bisher erschienen: